무용 필라테스

Piliates and conditioning for dancers

무용 필라테스

무용수를 위한 컨디셔닝

PILATES AND CONDITIONING FOR DANCERS

Jane Paris

김항진 외 옮김

영 문 출 판 사

■ **역자** (가나다 순)

김항진 D.C.
모던 필라테스 대표이사

성유진
모던 필라테스 서울예체능관
한양대 무용학 학사
한양대 무용학 석사
한양대 무용교육학 박사
동국대 공연예술경영학

양경동
모던필라테스 미사2호점
몸펠링에 무용학원 현대발레
Compagnie de Danse 〈Anne-Marie PORRAS〉 무용수
Compagnie de Danse 〈Carre d'art〉 무용수
Compagnie de Danse 〈Casadine〉 프로젝트

우지은
모던 필라테스 협회장
부산대 무용과 발레

윤빛나
모던 필라테스
숙명여대 무용과

이정은
모던 필라테스 서울예체능관 지부장
숭의여대 무용과
건국대 체대

■ **감수**

이해준
한양대학교 무용과 교수

First published in Great Britain in 2021 as

Pilates and Conditioning for Dancers
by **Jane Paris**

by: The Crowood Press Ltd, The Stable Block, Crowood Lane, Ramsbury, Marlborough, Wiltshire, SN8 2HR

무용 필라테스

2022년 1월 21일 초판인쇄
2022년 1월 28일 초판발행

지 은 이 : Jane Paris
옮 긴 이 : 김 항 진 외
발 행 인 : 박 병 조
발 행 처 : 도서출판 영문출판사
등 록 : 1987년 12월 21일 제2-419호
주 소 : 서울시 강남구 삼성동 69-1
전 화 : (02) 514-5590, 776-5590
팩 스 : (02) 756-8943
E-mail : yeongmunsa@empal.com
홈페이지 : www.ymsbook.net
정 가 : 23,000원
ISBN 978-89-7224-517-9 93510

※ 파본은 교환해 드립니다.

차례

CONTENTS

감사의 글
ACKNOWLEDGEMENTS

예전에도 함께했고 지금도 함께 하고 있는 사람들에게 감사를 전하고 싶다.

우선, 마가렛 듀런트는 나의 첫 발레 선생님으로 춤 인생을 시작하게 해 주셨다. 바닥이 딱딱하고 차가운 교회 홀에서 듀런트 선생님은 재미있게 RAD 수업을 해 주셨고 우리로 모든 것이 가능하리라고 믿게 해 주셨다.

런던 첼시에서 루스 프렌치 스튜디오에 참여하지 않았다면 다양한 기술들에 매료되지 않았을 것이다. 그녀는 내게 영감을 주었고 나를 호되게 훈련시켰으며, 파블로바와 카사비나의 이야기로 살아 있는 발레 역사를 들려주었다. 나는 화려한 킹스 로드가 내려다 보이는 스튜디오의 작은 계단을 좋아했고 그 곳에서 발레 기술이 얼마나 어려운지, 얼마나 많은 노력과 헌신을 요구하는지도 배웠다.

노윈 부쉬와 이스트 그린스테드의 부쉬 대비스 학교의 교수진들은 내가 행복한 학교 생활을 할 수 있게 해 주었다. 하루 종일 춤추는 일은 얼마나 기쁜 일인지! 부쉬는 나를 믿어줬고, 다양한 댄스 교습으로 우리는 여러 기술을 구사할 수 있었고, 진정한 공연가로 발전할 수 있었다. '무결성은 우리의 법칙'이라는 말이 교가의 한 구절이었는데 그러한 철학이 선생으로서의 나의 경력에도 반영되기를 바란다.

나의 필라테스 경력에서 가장 감사한 분은 애비 쇼샤나로 이 방법론에 흥미를 갖게 해 주었고 또 가르치는 일을 할 수 있도록 격려해 주었다. 영국과 그 외 먼 곳에 있는 나의 선생님들 중, 앨랜 허드맨은 영국에 이 방법론을 처음 가져온 사람이었다.
그는 내가 스코틀랜드의 첫 필라테스 스튜디오를 애딘버러에 열었을 때 큰 도움을 주었다.

나는 수년 동안 여러 나라에서 발레와 무용을 가르쳤고 이 기간 만난 사람들은 내 업무의 방향을 형성하는 시스템을 지원해주었고 협력 그룹이 되어 주었다. 이 책에는 그들의 운동방법도 소개되어 있다. 보스턴 발레의 바바라 해리스, 클라리스 마셜(마크 모리스 댄스 그룹, 미 발레 스튜디오 회사, JKO 스쿨), 제니퍼 밀스(버밍엄 로열 발레), 레일라 케스터(네덜란드 댄스 극장 및 네덜란드 국립 발레단)와 마울라 베어드콜트(오스트리아 발레단)에게 감사의 말을 전한다.

최근 몇 년간 나는 오슬로 올림피아토펜에 있는 노르웨이 올림픽 위원회에서 컨설턴트로 일했다. 이 일로 나는 극을 최적화하는 일에 내 업무 영역을 확대할 수 있었고, 모르텐 브라텐과 동작 조절 개발을 하는 사람들에게서 코칭 기술을 배울 수 있었다.
기꺼이 자신의 아이디어를 나눠준 그들의 친절에 감사드린다.

국립 발레단 감독인 케빈 오헤어에게 감사드린다. 그는 여러 동작에 대한 사진을 찍는 일에 발레 단원들이 함께 할 수 있게 해 주었다. 또한 나의 지식과 경험을 넓히기 위해 노르웨이 올림픽 위원회에 합류하고 싶어할 때 이 일을 할 수 있도록 지원해 주었다.

국립 발레단 메종 헬스케어 센터의 전 임상 감독 그레그 레터에게 감사드린다. 그는 내가 이 책을 쓸 수 있도록 격려해 주었고 필라테스 스튜디오에서 이 책에 필요한 사진을 촬영할 수 있도록 허가해 주었다.

또한 이 책에서 볼 수 있는 필라테스 기구의 제조업체인 캘리포니아 새크라멘토에 있는 밸런스드 바디에 감사해야 한다. 그들의 제품을 이 책에 보여줄 수 있도록 허가해 주었을 뿐 아니라 수년 동안 세계 곳곳의 필라테스 커뮤니티를 지원해 주었다. 차고에서 사업을 시작하는 어려움에도 불구하고 켄 앤델만은 오늘날 전세계적인 조직으로 성장했으며 도움을 주는 회사로 남아있다. 켄은 계속해서 필라테스 기구의 혁신과 개선에 기여하고 있다.

내 모델이 되어 주기 위해 기꺼이 시간을 내어준 무용수들에게 박수를 보낸다! 많은 시간을 요구함에도 불구하고 그들은 이 책을 위해 많은 기여를 해 주었다. 마리아넬라 누 네즈는 오늘날 가장 촉망받는 발레리나 중 하나로 그녀의 기교들에 대한 헌신은 이 책의 곳곳에서 빛나고 있다. 마르셀리노 샘베는 이 책의 사진을 찍을 때는 국립 발레단의 첫 단독공연자였지만 지금은 수석 무용수로 승진하여 남성 공연자들을 이끄는 활발한 젊은 세대 중 한 명이 되었다. 나디아 뮬로바-바레이는 매우 유망한 경력을 가진 발레단원이다. 그 회사 무용수들이 준 통찰이 아니었다면, 이 책의 많은 동작들은 나오지 못했을 것이다. 그토록 재능있고 열심인 사람들과 함께하는 날들은 지루할 틈이 없었다.

이 책의 이미지들을 아름답게 만들어 준 로버트 그라베노의 노력은 너무나 값지다고 할 수 있다. 국립 발레단과 버밍엄 로열 발레단의 전 무용수로서 세밀함이 요구되는 일에 뛰어난 안목을 가졌으며 팀의 최종 멤버로 완벽하게 활약해 주었다. 로버트에게 정말 감사하다!

내 남편 앤디는 가장 큰 지원을 해 주었고 그가 없었다면 이 책이 나오지 못했을 것이다. 이 책을 그에게 바친다.

들어가면서: 개인적인 이야기들

PREFACE: A PERSONAL NOTE

세계 댄스 회사의 많은 훌륭한 댄스 교사, 동작 교육자 및 동료들의 세심한 작업과 영감에 감사드린다. 지난 몇 년 동안 그들 세대에서 가장 뛰어난 사람들과 가까이 일하며 배울 수 있었다. 그들은 새로운 동작 발명의 촉매제 같은 역할을 했다.

발레를 배우는 학생이었을 때, 당시 국립 발레단의 물리치료사였던 배릴 던의 *"춤! 무용수를 위한 치료법"*이라는 책은 나에게 많은 영감을 주었고 격려해 주었다. 내 책도 그렇게 다른 사람들을 격려해 줄 수 있기를 바란다.

이 책을 쓰며 처음에 나에게 이 길로 가도록 영감을 주고 격려해 준 나의 필라테스 강사 애비 쇼샤나에 대한 기억으로 돌아가야 했다. 그는 내게 친절하게 시간을 내주었고 엄격한 체계를 따르기 보다는 개인별로 유연하게 접근하도록 가르쳐 주었다. 그는 단순히 수 백가지의 운동을 알려주기 보다 각 참여자에게 가장 적합한 방법을 찾고 수행하는 것에 중점을 두었다. 그는 몇 가지 운동을 순서대로 암기하는 것은 중요하지 않다고 보았다. 그는 동작과 사람에 대해서 이해하려고 했고 이 둘이 어떻게 조화시킬 것인지를 고민했다. 되도록 많이 배우고 싶은 입장에서는 때때로 답답하기도 했었다. 그러나 이제 애비처럼 수년간의 경험을 바탕으로 그가 나에게 말하려 했던 것을 더 잘 이해하게 되었다.

그는 필라테스 방법을 선택적이고 검토된 방식으로 가르치고 원칙을 존중하지만 필요할 때는 규칙을 변경하기를 원했다. 내가 그의 기대에 부응했기를 바래본다.

함께한 사람들
THE CAST LIST: CONTRIBUTOR BIOGRAPHIES

무용수 THE DANCERS

마리아넬라 누에즈 Marianela Núnez

마리아넬라는 오늘날 최고의 고전 무용수 중 한 명으로 널리 알려져있다.

그녀는 아르헨티나 부에노스아이레스에서 태어났으며 3살 때부터 춤을 시작했다. 후에 그녀는 테아트로 콜론 학교에서 수학했으며 14살의 나이로 테아트로 콜론에 합류했다. 마리아넬라는 1998년 이곳에 합류하기 전 국립 발레단 상급 학교에서 시간을 보냈다. 그녀는 2002년에 국립 발레단의 수석 무용수가 되었고 클래식 레퍼토리뿐만 아니라 애쉬톤과 맥밀런 발레단의 모든 주역을 맡아 공연해왔다.

그녀는 2005년, 2012년, 2018년에 크리틱스 써클 국립 댄스 시상식에서 최고 여성 무용수를 포함한 많은 상을 받았다.

마리아넬라는 미 발레극단, 라 스칼라, 밀란, 오스트리아 발레단을 포함해 전세계 많은 나라에서 객원 무용수로 활동하고 있다.

마리아넬라 누에즈.

마르셀리노 샘베 Marcelino Sambé

마르셀리노는 오늘날 가장 활발하게 활동하는 무용수 중 한 명이다. 포르투갈 리스본에서 태어나 2004년에 국립예술학교에서 발레 수업을 시작했고, 2010년에 국립발레단 상급 학교의 장학생으로 입학했다. 이 학교를 졸업하고 2년 후에 국립 발레단과 계약을 제안받았다.

이 시기에 마르셀리노는 로메오, 콜라스, 레스코, 오베론을 포함해 기존의 레파토리에서 많은 주목할 만한 역을 수행했다. 그는 또한 *울프 웍스*, *플라이트 패턴*, *첼로이스트* 같은 새로운 극에서의 역할도 만들어 냈다. 2019년에 수석 무용수로 승진했다.

마르셀리노는 2017년에 콜라스로 최고 남자 연기자상을 받았으며 2019년에 최고 남자 무용수 상을 수상했다.

마르셀리노 샘베.

나디아 뮤로바 바레이.

나디아 뮤로바 바레이 Nadia Mullova-Barley

나디아는 여전히 로얄 발레단에서 의미있는 경력을 쌓는 초기 단계에 있다. 그녀는 아누아 두 보이손과 함께 7살 때부터 춤을 시작했으며 11살의 나이에 국립 발레 학교에서 훈련을 시작했다. 국립 발레 상급 학교 진학전에는 화이트 로지에 있었다. 졸업하기 전 나디아는 오드 젭슨 젊은 무용가(Aud Jebsen Young Dancers) 프로그램에 따라 국립 발레단과 견습생 계약을 체결했다. 첫 시즌에 많은 발레단 경험을 쌓은 그녀는 2018년에 아티스트로 승진했다.

사진작가 THE PHOTOGRAPHER

로버트 그라베노는 컴브리아에서 태어났다. 그는 어렸을 때 춤을 시작했고, 국립 발레단, 화이트 로지, 국립 발레단 상급 학교에서 함께했다. 1996년에 국립발레단에 합류한 그는 2년 후 버밍엄 로열 발레단으로 옮겨간다. 무용수로서의 길을 걷다가 로버트는 사진작가와 필름 제작가의 일에 끌리게 된다. 그는 여러 댄스 공연과 필름 프로젝트에 함께 했던 현재는 런던에서 편집가와 촬영가로 일하면서 짧은 공연 영상물을 제작하고 있다. 로버트는 결혼하여 아들 해리를 두었다.

작가 THE AUTHOR

제인은 서레이에서 어린시절을 보냈으며 무용 훈련을 받은 후 10년 동안 공연을 했다. 그녀는 런던에서 애비 쇼샤나에게 필라테스 수업을 받았으며 처음에는 그녀가 현재 일하고 있는 로열 오페라 하우스 스튜디오에서 매우 가까운 코벤트 가든의 플로럴 거리에서 시작했다.

그 전의 스튜디오는 애딘버러 필라테스 센터로 스코틀랜드에 처음 세워진 것이다. 여기에서 그녀는 스코틀랜드 발레단과 던디 렙 댄스 컴퍼니에서

로버트 그라베노.

스코틀랜드 럭비 선수와 일반 대중에 이르기까지 다양한 사람들을 가르쳤다.

런던 근처로 돌아와서 제인은 턴햄 그린에 있는 예술 교육 학교와 캠벌리에 있는 앰허스트 발레 학교에서 가르쳤다. 그녀는 런던 서부 바론스 코트에 있는 국립 발레 상급학교에서 필라테스 강의를 맡았다. 1999년에 로열 오페라 하우스를 개조한 후 현재 스튜디오로 옮겼다.

2010년과 2011년에 하바나에서 가르치면서 제인은 쿠바 국립 발레단을 위한 필라테스 프로그램을 시작했다. 2012년부터는 오슬로 올림피아토펜에 있는 노르웨이 올림픽 위원회에서 기술 및 동작조절 개발 자문위원으로 일했다. 그녀는 여러 나라에서 댄스 수업과 워크샵을 이어가고 있다. 여기에는 오슬로에 있는 노르웨이 발레단 방문과 브루클린의 마크 모리스 댄스 그룹 강의와 영국 투어가 포함된다. 로열 발레 상급 학교에서 여름 집중 강좌에서도 학생들을 가르쳤다.

제인은 로햄턴 대학에서 발레 연구에 대한 석사 학위를 취득했다. 그녀는 수 년 동안 IADMS의 멤버였으며 국제 컨퍼런스에서 여러 번 프리젠테이션을 진행했다. 그녀는 또한 성 조지 파크의 FA와 노르웨이 올림픽 협회에서 발표했다.

켄트에 살면서 포르투갈 알 가르베에 있는 자신의 집에서 최대한 많은 시간을 보내고 있는 제인은 현재 로열 발레단에서 25년 넘게 근무하고 있다.

제인 패리스. ANDY YORK.

서론: 오늘 어떠세요?
INTRODUCTION: HOW ARE YOU TODAY?

당신이 내 필라테스 스튜디오에 오게 된다면 나의 첫 질문은 아마도 '오늘 어떠세요?'일 것이다. 단순히 예의를 차리는 것이 아니라 우리가 함께 건설적으로 작업할 수 있는 출발점이라고 할 수 있다. 당신의 춤 실력이 어떻든, 어떤 춤을 추든 이 질문에 대한 반응과 분석의 순간이 우리 모두가 시작하는 지점이다. 이 이야기는 뒤에서 다시 할 것이다.

나는 대부분의 시간을 수준 높은 전문 무용수들, 운동선수들과 함께 했다. 그런 분들이 읽고 실용적인 조언을 얻길 바라지만, 이 책은 특히 전문 공연가들과 같은 광범위한 지원 시스템을 원치 않는 무용수들을 대상으로 한다. 그런 무용수들에게는 '어떻게 지내세요'라는 질문에 답하기가 늘 어렵거나 그 답을 긍정적 행동으로 바꾸는 것이 더 어려울 것이다. 나는 필라테스를 배우는 사람이나 훈련 코치를 접할 준비가 되어 있지 않은 다양한 유형의 무용수와 전문 훈련 프로그램에 대해 더 깊이 이해하고 싶은 사람들을 돕고 싶다. 이 책은 전문적인 직업을 준비하는 학생들, 프리랜서 또는 연극 무용가, 소규모 발레단이나 순회 공연단 등 모든 사람을 위해 쓰여졌다. 이 모든 사람들은 자신의 기술을 가장 잘 지원하고 향상시키고 잠재력을 최대한 발휘할 방법에 대해 정보에 기반한 선택을 할 수 있어야 한다. 무용수들이 자신(의 능력)을 향상시키거나 (몸을) 회복시키기 위해 무엇을 하는지가 긍정적 차이를 가져올 것이라는 것을 아는 것은 시간이 소중한 직업에서 매우 중요하다.

이 책은 수준 높은 도움을 얻기 힘든 모든 사람들을 위해 스스로 할 수 있는 몇 가지 전략을 설정하여 그들 자신에 대해 더 많은 정보에 기반한 질문을 할 수 있도록 한다. 무용수의 능력 향상을 돕기 위해 지원하는 무용 교사에게도 도움이 되기를 바란다.

이 책에 나오는 운동을 고를 때 나는 25년 동안 세계 최고의 무용수 및 운동 선수들과 함께 일하면서 대부분의 사람들에게 가장 유용하다고 생각되는 운동을 선택하려고 노력했다. 이 운동들은 일반적인 문제를 해결하기 위한 '도구 상자'와 기술을 향상시킬 움직임 패턴을 개선하기 위한 '선택 및 혼합'을 나타낸다. 모든 운동이 장비를 필요로 하거나 스튜디오나 체육관에 가야 할 수 있는 것은 아니다. 일부는 작은 소품 몇 개만으로도 할 수 있다.

운동은 너무 많은 시간을 요구해서는 안된다. 내가 아는 한 대부분의 무용수는 여가 시간이 거의 없으며 낭비할 과도한 에너지도 없다. 그렇게 때문에 무용수들은 특정한 동작으로 얻을 수 있는 유익이 없는 아무 동작이나 해서는 안된다. 나의 처음 질문으로 돌아가보자. '오늘 어떠세요?' 이는 모든 사람이 하루에 해야 하는 많은 일들을 고려할 때 가장 효과적이고 유익한 작업 방식을 알아야 함을 의미한다.

필라테스 초보자와 노련한 전문가 모두가 이 책에 흥미를 느끼고 필요할 때 간단하고 실용적인 지원을 제공받기를 원한다. 무용수들은 기술을 향상시키기 위해 끊임없이 노력하고 있지만, 동시에 무용 경력에 필연적으로 수반되는 신체에 가해지는 극도로 높은 피해로부터 자신을 보호해야 한다. 모든 무용수들은 언젠가는 부상을 입을 수 있으므로 신체의 작용을 이해하고 신뢰할 수 있는 운동과 전략을 다루는 것이 진정한 자산이 될 것이다. 이 지식은 종종 훌륭한 무용 교사와의 훈련을 통해 습득되지만 필라테스와 같은 보충 훈련 방법은 귀중한 추가 교육 도구이다.

해부학, 생리학 및 무용 기술에 관한 훌륭한 책이 많이 있으며, 찾아보고 배울 가치가 있다. 해부학에 대한 지식은 필라테스 작업을 더 잘 이해하는 데 확실히 도움이 될 것이며, 부상을 입은 경우 재활을 하면서 관련된 관절과 근육을 연구하기 위해 도움이 될 것이지만 이는 방대한 주제이다. 여기에서 자세히 다루는 것은 실용적이지 않기 때문에 주요 용어 목록과 해부학적 참고 사항은 같이 읽으면 좋은 책 목록과 함께 책 뒷면에서 찾을 수 있다. 선택한 운동을 설명할 때 해부학적 용어는 최소한으로 사용하겠지만 때로 시간을 절약하기 위해 특정 근육이나 근육 그룹의 이름을 쓸 수밖에 없었다. 사용된 해부학적 용어에 익숙하지 않은 경우 참조 책에서 찾아보고 직접 확인하면 된다.

특히 부상 재활에서 해부학적 초점에 대해 논의해야 할 때 무용수와 얼굴을 맞대고 작업할 때가 있다. 이 경우 해부학적 용어를 반드시 사용해야 한다. 이는 의료 전문가와 부상에 대해 이야기할 때는 중요하지만 이 책의 목적을 달성하는 데 필수적인 것은 아니다. 일부 무용수들은 필라테스의 해부학적 측면에 관심이 있고 훌륭한 일이지만 많은 사람들에게는 불필요한 정보이며 대부분의 사람들은 감각적인 가르침에서 더 많이 배운다.

그러나 이 글을 읽는 모든 사람이 무용 관련 용어에 익숙할 것이라는 가정하에 전체적으로 무용 용어를 많이 사용할 것이다. 결국 이 책은 무용 경력에 전념하고 무용으로 성장할 사람들을 대상으로 한다.

내가 너무 많은 해부학 정보를 포함하지 않는 또 다른 이유가 있다. 그 중 하나는 내가 매우 중요하다고 생각하는 것이다. 무용은 예술의 한 형태이다. 수십 년 동안 엘리트 운동 선수와 비교되었지만 무용수는 예술가이다. 움직임의 물리적 구성 요소에 너무 많은 초점을 맞추면 작업에 대한 접근 방식에 있어 지나치게 분석적인 태도와 함께 자발성이 부족해질 수 있다. 필라테스와 다른 체세포 요법(somatic therapies)을 경험할 때 운동의 *느낌*과 *의도*에 집중하는 것이 더 낫다고 생각한다. 동작의 질과 조절은 시각적 이미지, 상상력 및 운동 감각적 인식에서 얻어져야 한다. 그런 이유로 독자들은 소개하는 운동들에서 구별된 '알아두기'를 발견하게 될 것이며 이들은 때때로 동작의 질을 높이려는 심상이나 생각들을 제공하거나 물리적 동작 이면의 의도를 알아가게 될 것이다.

또 어떤 때는 '알아두기' 상자에 '엉덩이부터 무릎까지 정렬되었는지 확인하라'는 식으로 알려주는 실용적인 요소들도 있다. 이러한 경우에는 특정 동작을 관찰할 때 일반적으로 필요한 수정 사항을 파악했기 때문에 이를 포함했다.

이 책은 필라테스 방법론의 모든 것을 안내하는 종합적인 지침서는 아니다. 필라테스에 대한 좋은 책들이 많이 있으며 이 책의 뒤에도 나열되어 있다. 나는 지금 현재 도움이 필요한 무용수들을 위해서 이 글을 썼다. 각 상황에 맞게 개인들에게 적합한 방식을 선택하는 아이디어를 제공하려고 한 것이다. 나쁜 운동이라는 것은 없다고 생각한다. 운동은 항상 그들이 접근하고 실행하는 방식과 좋든 나쁘든 운동을 함으로써 발생하는 동작의 질에 관한 것이다. 무용은 스포츠가 아니라 예술이며 질과 의도는 항상 그 동작을 뒷받침하는 것이어야 한다.

무용수의 오랜 특성 중 하나는 직업의 경쟁적 특성으로 인해 그들이 찾은 조언에 항상 많은 질적 관리를 적용하지 않고 어디서나 즉각적인 도움을 구하는 경향이 있다는 것이다. 어떤 단계가 '지금' 완성되어야 한다는 긴박감은 이해할 수 있지만 그 정보가 신뢰할 수 있는지 항상 필터링 하고 출처를 확인해야 한다. 더 높은 확장이나 더 나은 발 아치를 만드는 방법에 대한 조언을 제공하는 경험 없는 사람의 블로그와 팟캐스트를 볼 때 그것을 따르는 무용수의 신체에 미칠 수 있는 손상을 생각하면 걱정이 앞선다. 특히 젊은 무용수들은 뛰어난 역량을 얻겠다는 결심으로 인해 어리석게 행동할 수 있다.

마법 같은 운동은 없다는 것을 확실히 해야겠다. 건전한 지식을 기반으로 한 단순하고 규칙적이며 극단적이지 않은 일관된 운동이 유일하게 유익한 방법이다. 지름길은 없다.

왜 필라테스인가?
WHY CHOOSE PILATES?

나는 많은 우수한 필라테스 수련생들과 다른 훈련 분야 및 더 넓은 피트니스 업계에서 뛰어난 사람들과 함께 작업을 해 왔다. 나는 지금까지 필라테스 처럼 무용수들에게 적합한 운동 방법을 찾지 못했다. 필라테스를 적용할 때 심혈관계 개선을 위한 필라테스 처럼 모든 동작과 결합해야 하는 훈련을 말하는 것은 아니다. 하지만 다른 측면에서는 거의 완벽하다. 많은 무용 기술들은 필라테스를 통해 개선될 수 있으며 두 가지 원칙이 비슷하기 때문에 무용 기술의 규칙이 무시되지 않는다.

많은 무용수들은 이 방법이 자신의 직업을 위해 특별히 고안되었다고 생각하는 것 같지만 꼭 그렇지는 않다. 독일 출신의 조셉 필라테스(1883-1967)가 정신과 신체를 단련하는 방법으로 필라테스를 고안했을 때, 1차 세계 대전 당시 자신의 아이디어를 공식화하여 시작했으며 원래는 병들고 부상당한 군인과 전쟁 포로를 돕기 위해 영감을 받았다.

조셉 필라테스가 뉴욕으로 옮겨갔을 때, 그는 재빨리 무용수들을 자신의 스튜디오로 끌어들였다. 전설적인 안무가 조지 발란신과 마사 그레이엄(클래식 발레와 현대 무용의 중요한 영향을 받은 사람들)은 둘 다 무용수를 필라테스로 보냈다. 그의 방법은 재활에 효과가 있는 것으로 보였으며 또한 더 이상의 부상을 예방할 수 있기를 바랄 수 있게 되었다. 필라테스는 곧 이미 확립된 그의 운동 프로그램에 무용 기법에 영감을 받아 많은 동작을 추가했고, 이로써 무용과의 오랜 연관성이 시작된 것이다.

20세기 후반에 필라테스 방법은 훨씬 더 널리 알려졌고 일반 대중에게 점점 더 가까이 다가가게 되

마리아넬라 누에즈.

었다. 수십 년 동안 무용수들을 위한 틈새 운동이 된 후 갑자기 엄청난 유행이 시작되었다.

로열 발레단은 처음으로 사내 필라테스 교습을 풀타임으로 제공한 곳 중의 하나이다. 현재 전 세계의 더 많은 무용 학교와 회사에서 무용수들에게 지원 서비스로 필라테스를 제공하고 있으며 이는 매우 효과적인 기술 및 훈련 보조 도구로 간주된다.

훈련 측면에서 필라테스는 주로 운동 조절 및 운동 학습 범주에 속한다. 움직임을 배우고 정확하고 효율적인 운동 기술을 훈련하는 방식을 포괄하는 이 매혹적 분야는 물리적 도구와 예술적 공연 사이의 격차를 메꾸는 곳이다. 무용 외의 보충 교육에서 습득한 기술을 무용 스튜디오 또는 무용 공연에 적용하는 것은 복잡한 과정이다. 필라테스는 움직임, 흐름 및 집중의 질에 초점을 맞추기 때문에 다른 운동 방법보다 이 과정에서 더 효율적이다. 즉, 필라테스는 예술가들이 성취하기를 원하는 모든 것을 포함하고 있다.

효과적인 대안
THE WORKING ALTERNATIVE

좋은 훈련 코치의 경험있는 눈을 대체할 수 있는 책이나 DVD는 없으므로 기회가 생길 때마다 전문가를 찾아야 한다. 전문가는 훈련, 준비 및 수준 높은 공연 같은 모든 도전을 통해 무용수를 지원할 수 있을 뿐만 아니라 길고 견고한 경력을 쌓을 수 있도록 도와준다.

안타깝게도 대다수의 무용수들은 자신을 가장 잘 도울 수 있는 사람들의 지원을 받을 기회가 거의 없다. 때때로 가까운 곳에 그런 사람이 없거나 그들이 낼 수 있는 시간에 도와줄 사람이 없거나 종종 터무니 없이 비싼 교습 비용을 지불할 만큼 여력이 없을 수도 있다. 이동이 잦은 무용수라면 정기적 세션에 참가하는 것이 특히 어렵다. 나는 이 책을 통해 그런 무용수들이 어떤 운동을 해야 할 지 알 수 있기를 바란다. 이 책에 포함된 모든 자료는 수백 명의 개별 무용수에게 유용하고 실용적이며 필수적이고 획기적인 것으로 입증되었다.

누가 이 책을 구매할지 알 수 없지만 아마도 현재 또는 앞으로 무용 경력을 지원할 수 있을 것이다. 결과적으로 모든 독자에게 반드시 적합한 것은 아니기 때문에 기술적 세부 사항에 대한 설명은 되도록 피했다. 다시 말해서, 이 책은 필라테스 방법에 대한 포괄적인 매뉴얼, 강사를 위한 쉬운 참고서 또는 상세한 재활 작업이 필요한 사람들을 위한 처방이 아니다. 하지만 나의 목표는 다양한 연령, 스타일, 신체 상태, 경력 단계 및 꿈을 가진 다양한 무용수들에게 다가가는 것이다. 가능한 한 많은 독자들에게 접근하기 위해, 나는 명확한 지침과 함께 무용 친화적 언어로 쓰려고 노력했다.

무용을 하는 사람이라면 누구나 알고 있듯이 무용은 스트레스가 많은 직업이다. 경쟁이 치열한 직업일 뿐만 아니라 일반적으로 개인의 참여가 평생 지속될 수 있는 연기, 작문 또는 시각 예술과 같은 다른 창의적 분야에 비해 경력 기간이 짧다. 필라테스와 같은 체세포 요법 및 운동 시스템은 무용수의 작업 및 공연 생활을 연장하는 데 도움이 되는 실용적인 안을 제시한다. 필라테스 작업을 통해 개발된 운동 솔루션은 필요할 때 친숙한 친구가 되어 안전한 완충 장치로써 역할을 한다. 즉, 움직임을 통해 표현력을 쌓을 수 있는 빈 캔버스 같은 것이다.

이 책의 사용법
HOW TO USE THIS BOOK

이 책을 사용해 당신에게 적합한 것을 찾으라. 한 번에 하나의 동작에 대한 우선 순위를 지정하고 신체의 각 영역이 나머지 부분과 어떻게 연결되는지 파악하여 고유한 동작의 질을 구축하는 방법을 배우라.

실용적인 이유로 이 책은 독자가 쉽게 참조할 수 있도록 본문이 여러 영역으로 나뉘어 있다. 신체의 각 영역은 발레 기법과의 관계 측면에서 다루어 진다. 이 책은 각 섹션이 독립적이므로 반드시 순서대로 읽을 필요는 없다. '완전한' 무용수가 어떤 이익을 얻고 성장할 수 있는지 보기 위해 모든 동작을 읽고 시도하는 것이 훈련에 대한 전체적인 접근 방식으로서 바람직하다. 모든 운동은 이를 뒷받침하는 원칙에 의해 연결되어 있기 때문에 밀접하게 연관된다. 동작 자체와 운동들은 분리된 것이 아니라 통합된 시스템으로 간주되어야 한다.

이 운동들은 수백가지의 방식들 중에서 선택된 것이다. 나는 인생의 대부분을 무용계에서 보냈고 로열 발레단에서 25년 동안 엘리트 수준의 발레 무용수를 지도하는 것을 포함하여 당시 최고의 예술가들과 함께 일했다.

또한 독자가 잘 이해하고 실행할 수 있도록 단순한 동작에 초점을 맞추려고 노력했다. 단순하다고 해서 쉽다는 것은 아니다. 이러한 운동은 늘 그렇듯이 꾸밈이 없고 과장도 없다. 댄서들에게는 거의 매일 복잡한 조합의 동작들이 주어진다. 이 책은 순수한 움직임 기술을 손상시킬 수 있는 불필요한 복잡성을 배제하고 안전하면서 효과적인 작업을 위한 아이디어를 제공하고자 했다. 내가 포함시킨 운동은 기본 동작부터 더 도전적인 패턴까지 다양하지만 이 원칙은 변함이 없고 따라하는데 어려움이 없다.

시작하기 GETTING TO WORK

이 책에 나오는 동작들은 장비가 거의 필요하지 않거나 없어도 되는 동작들이다. 그러나 일부는 전통적인 필라테스 장비(리포머 및 캐딜락)를 포함하고 있으며 운 좋게도 큰 스튜디오를 이용할 수 있는 사람이라면 다른 필라테스 장비도 사용해 볼 수 있다. 이 장비에 익숙하지 않은 사람을 위해 이 책에서 사용법에 대한 간략한 설명을 추가했다.

그림에 나와 있는 장비 제조업체는 혁신적이고 영감을 주는 회사인 밸런스드 바디(Balanced Body)로, 현재 엘리트 수준의 스포츠 조직, 무용단, 헬스 클럽 및 병원에서 제품을 볼 수 있다.

몇 년 전에 시작된 올림픽 선수들과의 작업에서 영감을 받아 지지(suspension) 또는 걸이(sling) 기구가 필요한 몇 가지 운동도 통합했다. 이런 기구들은 많은 곳에서 볼 수 있다. 이 훈련 방법은 체간 안정화(unstable support)를 사용하여 코어 힘과 고유 감각을 향상시키는 것과 같은 많은 이점이 있다. 이 책의 사진에는 ROPES로 알려진 노르웨이 제품이 나오지만 다른 유사한 제품을 사용할 수 있다.

상황이 허락된다면, 교육 기간 동안 신뢰할 수 있고 함께 일할 수 있는 교사나 코치, 물리치료사, 필라테스 강사, 운동 전문가 등과 함께하는 것이 긴 안목에서 보면 훈련의 과정 및 경력에 중요하다고 할 수 있다. 어떤 사람들은 자신이 다니는 학교나 기관에 이러한 사람들이 있을 수 있다. 이런 기회가 적은 소규모 댄스 그룹에 속한 사람들이나 사람들이나 프리랜서들은 가능할 때마다 스스로 찾아야 한다. 무용수들은 매우 끈기 있고 스스로 문제를 해결하려는 경향이 있지만 아무런 지원 없이 모든 것을 혼자 할 수 있는 무용수는 없다. 마찬가지로, 무용수가 직

몸의 공간 감각 생성.

면할 수 있는 모든 문제에 대한 해결책을 제시해 줄 수 있는 사람도 없다. 특정 시간에 특정 기술을 알려 줄 여러 사람이 있을 것이다. 그때 그때 필요한 바른 선택을 하는 것도 모든 무용수들이 가져야 할 기술 중 하나이다.

주의

부상이 있는 경우 새로운 운동 요법을 시작하기 전에 의사와 상담해야 한다. 정확한 진단 및 재활 계획은 더 나은 결과로 이어질 것이다. 통증을 무시해서는 안되며 부상 관리는 모든 무용가가 개발해야 하는 기술로 정직하게 배우고 교사, 코치 및 동료에게 자신의 상태를 알려야 한다는 것을 기억하라.

역자 서문
TRANSLATOR PREFACE

이 책은 무용수들이 자신의 능력을 향상시키거나 몸을 회복시키기 위해 무엇을 하는지, 해야 하는지에 대한 일반적인 문제 해결을 위한 유용하고 실용적이며, 필수적이고 획기적인 지침서의 역할을 하게 될 것이다.

무용은 예술의 한 형태이지만 대부분의 움직임의 물리적 구성요소에 너무 많은 초점을 맞추어 수십 년 동안 운동선수들과 비교되어 왔다. 무용이라는 하나의 장르는 일반적으로 개인의 참여로 활동지속이 가능한 연기, 작문, 시각예술과는 달리 경쟁구도 속에 너무도 많은 스트레스를 안고 있는 하나의 직업의 형태라 볼 수 있어 순수한 움직임에 대한 과도한 가동범위와 신체 손상에 무방비 상태로 노출되어 있는 것이 현실이다.

이 책은 이러한 문제 해결을 위한 '도구상자'와 기술을 향상시킬 움직임 패턴을 개선하기 위해 '선택 및 혼합'을 필라테스를 통해 무용경력에 수반되어지는 신체변화와 극도로 높은 스트레스로 인한 부상을 줄이고자 한다.

필라테스는 독일 출신의 조셉 필라테스(1883-1967)가 정신과 신체를 단련하는 방법으로 고안하였고, 1차 세계 대전 당시 병들고 부상당한 군인과 전쟁 포로를 돕기 위해 영감을 받았다. 조셉은 뉴욕으로 건너가 전설적인 안무가 조지 발란신과 마사 그레이엄(클래식 발레와 현대무용의 중요한 영향을 받은 사람들)과 시작했다. 그의 방법은 재활에 효과가 있는 것으로 보였고 부상을 예방할 수 있기를 바랄 수 있게 되었다. 필라테스는 곧 이미 확립된 그의 운동 프로그램에 무용 기법에 영감을 받아 많은 동작을 추가했고, 이로써 수십 년 동안 무용수들을 위한 틈새운동이 된 후 무용과의 오랜 연관성이 시작된 것이다. 그 후 20세기 후반에 필라테스 방법은 훨씬 더 널리 알려졌고 일반 대중에게 점점 더 가까이 다가가게 되었다.

하지만 이 책이 필라테스의 모든 것을 알려주는 지침서가 아니다. 필라테스를 무용수들에게 매우 효과적인 기술 및 훈련 보조도구로 간주하여 무용수들을 위한 상황별 방식을 제안하고 그들이 접근, 실행하여 움직임의 질과 의도를 뒷받침하고 향상시키고자 하는데 그 목적을 두고 있다.

이 책은 총 7개의 장으로 이루어져 있으며, 1장은 보호하고 완벽하게 하기: 시작점은 필라테스가 다양한 상황에 적합하게 적용된다는 것을 기반으로 신체의 정렬을 강화하고 개선하여 무용수를 부상으로부터 보호하고 높은 수준의 동작을 완성하려는 모든 무용수의 목표를 지원한다. 2장. 수평계(spirit level)의 균형: 코어조절에서는 무용수들에게 있어 코어의 안정성의 중요성을 인지시키고 이를 통한 유동적인 움직임의 완벽함을 추구하고 부상을 방지하고자 한다. 3장. 발레기술의 기반: 턴아웃에서는 외부회전을 올바르게 사용하여 움직임의 균형과 정렬 및 운동제어에 관련하여 설명하고 있다. 4장. 지지하는 중심선: 건강한 척추에서는 이상적인 척추 정렬과 과도한 관절스트레스를 예방하고 좋은 자세유지에 대해 설명하고 있다. 5장. 강력한 기반 다지기: 다리운동에서는 발의 중요성을 인지시켜 고유 감각운동, 복합운동으로 근력과 기동성을 향상시키고자 한다. 6장. 날아오르기: 점프와 착지에서는 부상을 방지하고 기술을 향상시키는 것에 대한 운동법을 소개하고 있다. 7장. 선별하여 모으기: 모든 것을 함께 하기는 각 개인에게 적합한 요소들을 지정하여 개별 프로그램을 만들 수 있게 한다.

이처럼 이 책은 각 장이 독립적으로 이루어져 순서대로 진행하지 않아도 된다. 무용수들에게 어떤 이익을 얻고 성장할 수 있는지를 우선 시 하고 있으며, 순수한 움직임을 손상시킬 수 있는 불필요한 접근법을 배제하고 안전하고 효과적인 작업으로 무용수들이 스스로 문제를 해결하고 자신의 능력을 향상시키는데 좋은 지침이 될 것이라 확신한다.

마지막으로, 필라테스에 대한 애정으로 지금까지 함께 힘을 모아 온 모든 분들, 이 책이 출간될 수 있도록 많은 도움을 주신 영문출판사 박병조 대표님께 깊은 감사의 뜻을 전합니다.

대표 역자 김 항 진

제1장

보호하고 완벽하게 하기: 시작점

TO PROTECT AND PERFECT: YOUR STARTING POINT

몇 년 전 무용수를 대상으로 필라테스 강사를 양성하는 필라테스 워크숍을 운영 할 때 '보호하고 완벽하게 하기(To Protect and Perfect)'라는 이름을 붙였다. 나에게는 필라테스가 무용수에게 제공하는 모든 것과 그것을 특별하게 만드는 모든 것이 네 단어로 요약되는 것처럼 보였다. 이 장의 나머지 부분은 이 작업이 무용수에게 무엇을 제공하는지와 훌륭한 시작을 위해 어떤 정보가 필요한지에 대한 다소 긴 설명으로 되어 있다. 다른 유형의 훈련보다 필라테스 기반 훈련을 선택해야 하는 이유를 이해하는 데 도움이 되기를 바란다.

필라테스는 다양한 상황에 적합하게 적용된다는 점에서 특별하다. 필라테스는 다양한 방법으로 '보호하고 완벽하게' 한다. 필라테스는 좋은 예방 전략을 제공한다. 즉, 정렬을 강화하고 개선하여 무용수를 부상으로부터 보호한다. 스펙트럼의 다른 쪽 끝에서는 높은 수준을 요구하는 공연을 위한 동작을 완성하려는 모든 무용수의 목표를 지원한다. 중간에는 부상 후 재활에서 필라테스가 수행하는 귀중한 부분과 건강하고 정기적인 유지 관리 프로그램을 수립하는 데 있어 높은 수준의 목표 달성보다는 덜 중요한 역할이 있다.

이러한 모든 단계에 대해 하나의 '믿을 만한' 방법을 사용하여 이점을 얻고 시간을 절약하며, 효과를 기대할 수 있다. 기본 원칙들은 오랜 친구와의 편안한 대화가 늘 편안하고 친숙한 것처럼 당신을 도와줄 것이다.

컨디셔닝 작업에 대한 나의 접근 방식은 기술을 지원하기 위해 논리적으로 구축된 간단한 패턴을 사용하여 개인이 운동의 효율성과 경제적 측면에서 적합한 운동법을 찾는 것이다. 운동은 모두 순수하고 단순한 움직임에 관한 것이다. 무용수들은 자기 자신보다는 다른 이들을 위해 공연을 한다.

이러한 운동 방법들과 내용에 접근하기 위해 내가 사용하는 단순한 규칙들이 있다. 이에 대해서는 이 후 섹션에서 설명하도록 하겠다.

필라테스 방법론의 원칙들

PRINCIPLES OF THE PILATES METHOD

우선 수 십 년 전에 조셉 필라테스가 수립한 필라테스 방법을 이끄는 원리를 이해하는 것이 중요하다. 훈련 작업에 대한 이러한 기본 원칙은 오늘날에도 똑같이 적용될 수 있으며 작업 전반에 걸쳐 생각하고 사용하며 자주 검토해야 한다. 이 원칙들은 다음과 같다:

1. 중심 안정성(Centering)
2. 집중(Concentration)
3. 조절(Control)
4. 정확성(Precision)
5. 호흡(Breath)
6. 흐름(Flow)

힘과 우아함.

중심 안정성 Centering

중심 안정성은 코어 조절 작업 및 센터 찾기와 관련된 필라테스 원칙 중 가장 잘 알려진 것으로 모든 무용수에게 친숙한 개념이다.

대부분의 현대 무용 동작들은 중심에서 움직임이 시작된다. 이는 또한 호흡과 연결되며 이 책에 나오는 모든 동작에서 강조하는 골반의 기능과도 관련이 있다.

집중 Concentration

집중은 근육 운동을 조절하는데 필수적이다. 훈련 작업의 정신적 측면에서의 수련은 일관된 결과를 얻게 해주며 더 큰 성공을 보장한다.

조절 Control

말 그대로이다. 일련의 운동들을 정확히 훈련함으로써 모든 동작의 연결을 조절할 수 있게 된다.

정확성 Precision

정확성도 같은 미션의 일부이다. 무용수는 각 사람이 다른 사람의 동작에 주의를 기울이면서 동기화된 동작을 수행해야 하는 경우 같은 동작을 정확하게 반복 수행할 수 있어야 한다. 정확도는 매우 중요하다.

호흡 Breath

호흡은 편안하고, 쉽고 자연스러워 보이는 모든 동작의 핵심이다. 확실히 호흡은 동작을 수행하는 근육에 연료를 공급한다. 하지만 더 중요한 것은 뇌의 명령에 대한 내부 반응의 템포를 설정하는 내부 리듬, 내부 음성도 제공한다.

흐름 Flow

흐름은 위의 모든 원칙을 지속적으로 달성하는 것이다.

규칙에 따라 작업하기: 호기심을 가지고 즐겁게

WORKING WITH THE RULES: ENJOY AND STAY CURIOUS

즐기기 Enjoy

좋아하는 운동을 찾는 것은 매우 중요하다. 엄격하거나 지루하고 힘들거나, 시간이 너무 많이 걸리는 운동을 자신에게 강요한다면, 목표를 달성할 만큼 충분히 오래 지속될 가능성이 낮다.

새로운 동작 배우기 Keep it Fresh

때때로 다른 동작들을 배워서 자신의 목록에 추가하라. 당신이 몇 주 동안 매일 같은 발레 수업을 듣는다면, 그 동작을 하는데 어려움이 없겠지만 결국 자동 동작이 되어버릴 것이다. 당신의 근육은 새로운 자극에 더 빠르게 반응하기 때문에 프로그램을 다양하게 하는 것이 좋다. 동작의 기술적 측면과 관련되든지 몸의 어느 부분에 집중하는지에 관계없이 단지 변화를 추구하기 위해서 하는 것이 아니라 감각적인 진행과 운동의 다양한 강조점을 찾기 위해서 하라는 것이다.

다시 하기 Revisit

일반적으로 한동안 하지 않았던 운동을 하면 좋은 점이 있다. 이전에 운동을 시도했을 때보다 더 나은 운동 전략을 채택하게 되는 것을 종종 보게 된다.

운동 패턴을 성공적으로 수정했다 하더라도 그것이 항상 올바르게 구성되었다고 단정할 수 없다는 것을 아는 것도 중요하다. 근력은 움직임 조절 능력보다 더 빨리 증가하지만, 약 1년 동안 일정한 방식으로 일관되게 운동할 때까지 유지 관리 운동을 계속해야 한다. 피곤하거나 몸에 좋은 습관을 유지하지 못하면 결함이 있던 이전 패턴으로 쉽게 돌아갈 수 있다. 이것은 당신이 하나의 긴 작업 프로그램만 해야 한다는 뜻이 아니라 단지 가장 유익하다고 생각하는 몇 가지 세부 사항을 선택하고 정기적으로 수행하라는 것이다.

수업 듣기 Take Class

모든 교차 훈련 또는 보충 훈련은 부상을 입었을 때 대안이 될 수 있지만 일일 기술 수업을 대체할 만한 적절한 방법은 아니다. 무용수가 리허설이나 공연을 할 때 기술, 기능, 협업, 음악성, 근육의 지구력에 대한 수업은 많은 이익을 가져다 준다.

질과 양 Quality over Quantity

당신의 동작의 질이 악화되고 있다는 것을 느끼거나 본다면 바로 멈춰야 한다. 그러한 실수를 반복하는 것을 지속해서는 안된다. 당신이 좋은 패턴을 성취하고 있을 때만 지속하라. 목적에 따라 질과 양을 모두 달성한다면 계속하면 된다.

근력이나 컨디셔닝 같은 다른 훈련 방법을 사용한다면, 이러한 운동 전반에 걸쳐 동일한 근육 확장 패턴, 자세 고려 사항 및 정렬을 유지하도록 노력하라. 그렇게 하지 않으면 쭈그리고 앉거나 웨이트를 들어 올릴 때, 필라테스 작업으로 벌어진 흉곽 및 관련 흉부 확장을 교정하는 데 별 의미가 없게 된다.

콕 집어서 집중 – 더 지혜롭고 조용하게 훈련하기 Focus and Concentration–Train Smarter, Train Quietly

성공적인 컨디셔닝 작업을 위해 정신을 집중하는 것은 매우 중요하다. 항상 그 순간에 있도록 노력하라. 예술성은 결국 마음과 신체의 연결에 달려 있다. 이러한 주의 없이는 운동 조절 개선이 이루어지지 않는다. 방해받지 않고 더 잘 운동할 수 있도록 조용한 환경을 찾으라.

계획하고 검토하기 Plan and Review

세션을 시작하기 전에 어느 부분에 집중할지 결정하면 이점이 많다. 익숙한 운동을 하기 보다는 전반적인 호흡 패턴을 생각해보거나, 특정한 절차나 기술 측면을 개선하기 위해 일련의 동작들을 하게 될 수 있다. 세션이 끝나면, 잠시 시간을 내어 무엇이 잘 되었는지 검토하고 이해하라. 내일에는 어느 부분에 더 시간을 들여야 할까? 당신의 컨디셔닝에서 발견한 방법은 수업이나 리허설에 적용할 수 있는가?

현재성 Be Present

순간에 집중하는 것은 필라테스 방법론에서 고유한 원리 중 하나이다. 이것이 없이는, 마음과 몸의 연결이 더 어려워질 수 있다. 하루 종일 시계를 보며 서두르고 한 번에 여러 일을 하는 것이 일상인 세상에서 많은 사람들은 집중할 수 있는 시간이 매우 제한적이라는 것을 알 것이다. 사람의 마음은 이전 작업을 마치기 전에 빠르게 다음 작업으로 넘어간다.

필라테스 컨디셔닝 작업에 하루 중 몇 시간 이상을 할애하는 것은 현실적이지 않다. 다음 리허설 전까지 20분 정도의 시간만 있어도 괜찮다. 얼마의 시간이 주어졌든 너무 많은 것을 하려고 하지 말라. 특정 동작을 위해 두 세 가지 관련된 동작을 골라 우선순위화 하라. 제대로 하지 못하는 동작 10가지를 반복하는 것 보다는 건강하게 효율적으로 할 수 있는 몇 가지 동작에 시간을 들이는 것이 더 낫다. 쓸데없는 일은 정말 시간낭비이다.

피드백과 평가 Feedback and Evaluation

다양한 형태로 피드백을 받을 수 있다. 피드백은 순전히 실용적인 용어로 당신과 당신의 교사 간의 의사소통이 일차적 피드백이다. 동작에 대한 정직함과 개방된 대화가 아니라면 발전은 적을 것이다. 신체적 문제를 드러내는 것은 쉽지 않은 일이지만 당신의 공연에 대한 실제적인 관전평을 듣는 것은 좋은 출발점이다.

또한 당신과 당신의 몸 사이에 일어나는 내적 대화도 있다. 당신의 신경근 체계가 보내주는 피드백을 들을 수 있다면 바른 선택에 도움이 될 것이다. 수업 전후의 당신의 기분은 어떤가? 특정한 운동의 조합이 다른 결과를 가져오는가?

특히 수업, 리허설 또는 공연을 성공적으로 마쳤다면 작업 준비를 위해 무엇을 했는지, 그리고 그 공연이 구체적으로 어떤 점이 다른 사람보다 나았거나 달랐는지 기록하는 것이 도움이 될 수 있다. 긍정적인 측면을 다음에도 적용하면 향후에 당신의 실력이 향상되는데 도움이 될 것이다.

목표 설정 Goal-Setting

운동 프로그램에 대한 현실적인 목표를 세우면 동기를 유지하면서, 상황이 발전하고 새로운 목표가 필요할 때 프로그램을 재조정하는 데 도움이 된다.

한 세션, 한 주 또는 한 달에 걸친 단기 목표는 세션이 작업별로 특화되고 집중되도록 할 수 있다. 이러한 작업 별 목표는 중요한 장기 목표에도 반영되어야 한다. 단기 및 장기 목표는 병렬적으로 가야한다.

더 장기적인 목표들은 특정 역할을 준비하는 것이나 회사에서의 승진 또는 기술 측면의 변화를 포함해야 한다. 이 목표 수행 방안에 대한 좋은 계획과 명확한 이해를 통해 모순 없이 모든 목표를 이룰 수 있다.

누구나 한 시간씩 운동을 할 수 있지만 항상 스스로에게 '내가 하는 일이 얼마나 유용하며 내 목표를 달성하는 데 어떻게 기여하는가?'라고 물어야 한다.

세밀함-높은 성과로 가는 길 DETAIL, DETAIL, DETAIL-THE ROUTE TO HIGH PERFORMANCE

나는 세계 최고의 무용수들과 세계 올림픽 챔피언인 운동 선수들과 함께 일했다. 그들을 관찰하면서 가장 작은 세부 사항에 대한 관심이 모든 성공에 중요하며 필수적이라는 사실을 알게 되었다. 운동 전략을 아주 조금만 개선해도 시간이 지나면 향상된 결과를 볼 수 있다. 모든 동작에 대한 모든 단계는 각 개인이 달성할 수 있는 만큼 완벽에 가까워야 한다. 약간의 성과에도 엄청난 변화가 가능하기 때문에 이러한 노력은 낭비되지 않는다.

자신을 위한 운동 프로그램 구성 과정을 시작할 때 인내심을 가져야 한다. 어떤 동작에 대한 방식을 변경하기 시작할 때 특히 보정을 하거나 잘못된 동작에 대한 변경일 때 자신의 동작이 잘못되고 있다고 생각할 수도 있다. 이 초기단계에서는 몇 달 또는 몇 년 동안 쓰던 방식을 바꿔야 할 수도 있다. 이러한 패턴은 프로그래밍되어 있어 습관적으로 해 왔기 때문에 쉽고 자연스럽게 느껴질 것이다. 결과적으로 새롭고 익숙하지 않은 패턴은 정확하고 더 효율적이며 기술적으로 훌륭한 경우에도 처음부터 잘못이 있는 듯 느껴질 수 있다. 이는 시간을 두어 변화를 줘야 하는 이유이다. 6주 정도 연습을 시도하고 무용 용어로 작업 중인 동작과 계속 연관시켜 보자.

새로운 패턴이 자연스럽고 쉽게 느껴진다면 목표를 재평가하고 프로그램을 변경할 때가 된 것이다. 이는 문제를 발견하고, 개선하고, 반영하고, 향상 키시는 순환 과정으로 이해할 수 있다. 이것은 무용이나 스포츠에서 상위 수준을 목표로 하는 사람들을 위한 끊임없는 메시지이다.

최고 수준을 목표로 하지 않으면 아무도 자신의 잠재력을 최대한 발휘하지 못하며 작업의 정점에 도달하거나 유지하지 못할 것이다.

좋은 시작 GETTING A GOOD START

좋은 시작은 전단지에서 꼭 읽어야 할 필요성을 느끼지 못하지만 읽는 것이 중요한 그런 작은 글씨와 같다. 연습을 시작하기 전에 고려해야 할 일반적인 사항이 많이 있다. 작업에서 최대한의 이익을 얻으려면 시작하기 전에 충분히 숙지해야 한다. 이어지는 조언은 내 경험을 바탕으로 한 것이다. 최상의 시작을 위해 자신에게 적합한 것이 무엇인지 찾아야 한다.

올바른 환경 The Right Environment

필라테스 작업에는 집중과 재검토 및 분석이 필요하다. 음악과 산만한 대화로 시끄러운 환경은 주의를 분산시키므로 좋은 환경이라고 할 수 없다. 그런 환경에서는 좋은 결과를 기대할 수 없다. 예전에는 스튜디오에서 작업할 때 조용한 클래식 음악을 배경 음악으로 사용하곤 했다. 최근에는 아무 소리도 나지 않는 환경을 선호한다. 때로 선곡된 음악을 싫어하는 사람이 있을 수도 있고 무용수가 음악의 박자에 반응하거나 음악 속도에 따라가려는 경향이 생길 수도 있기 때문이다.

몇 년 전에서 프리미어 리그 축구 선수들과 올림픽 선수들이 자기만의 공간에서 외부 영향을 차단하기 위해 헤드폰을 쓰고 운동하기도 했었다. 요즘은 이런 방식을 사용하기 보다는 어떤 환경에서든 내부의 초점을 찾는 것이 팀과 개인에게 더 성공적인 것으로 입증되었다.

이상적인 스튜디오는 적절한 조명에 너무 춥지도 덥지도 않아야 한다. 편한 복장은 필수이지만 너무 헐렁한 옷도 좋지 않다. 나는 무용수나 운동 선수들이 맨발로 운동하는 것을 선호한다. 이렇게 하면 체중 배치와 균형 감각을 크게 향상시킬 수 있다. 바닥이 차갑거나 깨끗하지 않은 경우에는 양말을 사용해도 문제가 되지는 않는다

기구 Equipment

모든 사람이 기구가 완비된 필라테스 스튜디오에 갈 수 있는 것은 아니므로 각 섹션에서 매우 간단한 소품이 필요한 운동을 포함하려고 노력했다.

- 운동 매트: 누워서 하는 운동을 훨씬 편하게 할 수 있다.
- 작은 마사지 볼이나 테니스 공, 다양한 강도의 밴드들: 가볍기 때문에 휴대가 간편하다. 무용수들은 가방에 신발이나 갈아 입을 옷 등 항상 많은 것들을 가지고 다니므로 가벼운 장비는 이동에 도움이 된다.
- 작은 수건: 목 정렬을 개선하거나 옆으로 누워 운동 할 때, 말아서 허리에 놓을 때, 약간의 지지가 필요할 때 사용할 수 있다.
- 저마찰 디스크(때때로 턴 아웃 디스크라고도 함): 이러한 디스크를 보관할 공간이 있다면

유용한 휴대용 도구들: (뒤, 왼쪽에서 오른쪽) 짐볼, 부드러운 팽창식 공, 필라테스 아크, (중간 왼쪽에서 오른쪽) 저항 밴드, 패러세터 미니와 패러세터, 작은 발 슬로프, 무게공, (앞, 왼쪽에서 오른쪽) 균형 패드, 핀키 볼, 회전 디스크 및 폼롤러.

저항 밴드는 다목적 훈련 보조 도구이다.

특히 엉덩이 조절 작업에 유용하다.

- 폼 롤러: 이 책 전체에서 자주 나온다; 마사지/이완 도구 및 운동용으로 사용할 수 있다.
- 균형 패드나 워블 보드: 유용하고 상대적으로 저렴하지만 가지고 다니기에는 다소 부피가 크다.
- 패러세터나 패러세터 미니와 같은 최근의 혁신적인 소품은 호흡 작업에서 발 사용에 이르기까지 다양한 운동을 위한 가벼운 휴대용 보조 도구이다.

운동의 일반적인 규칙들
GENERAL RULES FOR THE EXERCISES

연습을 시작하기 전에 다른 특정 요소를 이해하는 것이 좋다. 이러한 자세에 대한 일반적인 주의 사항이나 정렬 지침은 각 운동 전에 다시 읽어볼 필요 없이 충분히 숙지하고 있어야 한다. 대부분의 연습 전에 몇 가지 지침이 다시 나오겠지만 여기에서 지침을 숙지하는 것이 좋다.

척추 중립 Neutral Spine

척추 중립은 이 책에서 가장 우선되고 중요한 요소 중 하나이다. 모든 사람은 이 자세를 숙고하고 '중립 척추 유지' 지침이 자신에게 어떤 의미인지 정확히 알아야 한다. 나에게 있어서 척추 중립은 너무 근본적인 것으로 타협의 여지가 없다.

척추의 곡선은 척추를 통과하는 힘을 흡수하도록 설계되었으며 사람마다 다르다. 예를 들어, 일반적으로 '누워서 구부린 자세'(즉, 엉덩이와 무릎이 구부러진 앙와위)에서 일부 사람들은 두개골에서 미골까지 척추의 모든 부분이 매트와 닿는다. 요추나 경추 부위만 닿거나 거의 닿지 않는 사람도 있다. 어렸을 때 무용을 배운 사람들은 종종 이러한 곡선을 편평하게 만들 수 있지만 더 편평하게 하기 위해 척추를 매트에 누르지는 말아야 한다.

'터킹 언더(Tucking under)'(후부 골반 기울어짐)는 척추를 늘리거나 더 큰 외회전을 달성하려는 젊은 무용수에게 매우 흔한 결함이다. 이것은 책에 나오는 어떤 동작에서도 수행되지 않는다.

누워 있거나 앉거나 서있을 때 자신의 중립 척추 자세를 평가하는 데 익숙해지는 것이 중요하다. 특히 턴아웃 자세로 설 때 변화를 관찰하라. 외회전을 유지하는 데 근육이 과도하게 긴장하는가? 허리 커브를 변경했는가? 정상적으로 숨을 쉬면서 자세를 유지하고 근육에 최소한의 힘을 들여 자세를 취해 보자. 이 자세는 당신의 고유한 자세이며 다른 사람처럼 보이려고 할 필요가 없다.

중립을 안다면 이를 자가 스캔 검사의 일환으로

누워 있는 자세에서 척추 중립 찾기.

허리를 곧게 세운 상태에서 척추 중립을 유지할 수 있는가?

외회전으로 자세가 바뀌는가?

사용할 수 있다. 빈 종이에 움직임 패턴을 그려 넣을 수 있는 안전한 장소 같은 것이다. 발레 관점에서 첫 번째 위치를 이해하는 것으로 생각해 보자. 시작 지점을 알지 못하면 이 여행을 시작할 수 없다.

물론 이 위치를 계속 유지하면서 춤을 추거나 다른 활동을 할 수는 없다. 다리를 들어 올리거나, 폴드브라를 수행하거나, 속도를 내어 무대를 가로질러 달리자마자 척추는 관절을 움직여 동작을 수용한다. 춤은 여러 면에서 움직임을 포함하지만 자연스러운 시작점을 이해하면 매일 변화하는 것을 알아 차릴 수 있다.

병렬 Parallel

종종 다리를 평형으로 정렬하라는 지침을 보게 된다. 이는 턴아웃에서 이완한 것이 아닌 능동적 자세로 세세한 부분까지 주의를 기울여 엉덩이에서 조절해야 한다.

척추 중립처럼 병렬도 개인적인 것이다. 발이 바닥을 따라 서로 정확히 평행하게 정렬된다는 의미는 아니다. 예를 들어, 다리를 구부린 경우, 아래쪽 다리를 통해 가능한 정렬이 잘 되도록 위치를 조정해야 한다. 이는 정강쪽 비틀림을 고려하는 것을 의미하며 내전근을 많이 모아야 달성할 수 있다. 결과적으로, 가장 좋은 위치는 발이 약간 바깥쪽으로 회전하는 것이다.

호흡 Breathing

놀랍게도 무용 수업에서는 호흡에 대해 자주 설명하지 않는다. 특정 동작에 대해 숨을 들이 마시거나 내쉬라는 지시가 있을 것이며, 이것은 동작을 용이하게 하는 데 도움이 될 것이다. 하지만 운동을 할 때 숨을 참는 것보다 정상적으로 호흡하는 것이 훨씬 낫다. 호흡 때문에 스트레스를 받을 필요는 없다. 시간이 지남에 따라 복부와 골반저의 활동이 더 효율적이 되면서 자연스럽게 더 나은 호흡 패턴으로 나아갈 것이다.

자신의 호흡에 문제가 없다고 생각되더라도 여기에 포함된 호흡 운동 중 적어도 일부를 시도해 보는 것이 좋다. 호흡은 근 이완에도 좋다.

타이밍 Timing

또 다른 가치 있는 요소는 필라테스 컨디셔닝 프로그램에서 가장 많은 혜택을 받는 때가 하루 중 어느 지점에 위치하는지이다. 다시 말하지만, 이것도 개별적으로 결정해야 할 문제이다. 이러한 운동을 하는 이유와 당신의 다른 일정들과 이 훈련이 어떤 연관이 있는지를 고려해야 한다.

나와 함께 일하는 많은 무용수들은 수업 전에 짧은 프로그램을 수행한다. 이는 '셀프 스캔' 프로세스의 일부이며 사전 활성화 연습으로 구성된다. 이를 통해 효율적이고 건강한 움직임 패턴을 촉진시켜 수업에서 기술적 요소 실행을 최적화한다.

예를 들어, 부상 재활의 일환으로 프로그램을 수행한다면, 점프 복귀의 일부로 리포머 사용은 하루 일과 중 후반에 하는 것이 적절하다.

이미 수업을 다 마치고 세 시간의 리허설을 마무리하고 너무 피곤하다면 그 때는 움직임 조절 작업을 할 시간이 아니라는 것은 확실하다. 부차적 근육 운동에 대한 미세한 조절과 피드백은 측정하기가 훨씬 더 어려울 것이며 전반적인 근육 시스템이 너무 자극되어 노력이 낭비될 수 있다. 하지만, 피로한 상태에서 코어 조절을 다시 테스트하고 좋은 상태로 유지할 수 있는지 확인하려는 경우 바쁜 하루를 마칠 때 가끔 실험해 볼 가치가 있다. 플랭크를 할 때 몸이 너무 흔들리더라도 너무 놀라지 말자.

순서 Order

프로그램을 최적화하기 위한 연습 순서는 역시 개별적인 문제이다. 버밍엄 로열 발레단의 제니퍼 밀스에 따르면, '순서가 핵심'이며, 성공적인 컨디셔닝 작업에서 다른 구조에 당신의 몸이 어떻게 반응하는지 발견하는 것이 중요한 요소이다.

반복 횟수 How Many Repetitions?

자주 듣는 질문 중 하나는 '동작을 얼마나 반복해야 하는가?'이다. 그 답은 우선 당신이 이 특정 운동을 왜 하는지에 따라 다르다. 헬스장에서 웨이트로 근력 및 컨디셔닝 작업을 하는 경우 세트 운동을 반복하라는 지시를 많이 받는다. 필라테스 기반 컨디셔닝에서, 진행 상태는 항상 운동 패턴과 근육 활성화를 기반으로 한다. 반복보다 중요한 것은 움직임 조절을 잘 따르는 것이다. 나는 일반적으로 대부분의 운동에 대해 8~10회를 권장하지만 적절한 기술로 4회 이하의 반복을 수행할 수 있다면, 그 정도부터 시작해야 한다. 8~10회를 올바르게 수행할 수 있을 때 처음 2~3회에서 움직임에 접근하는 방식을 분석하고, 몇 번은 동작을 익히고 흐름이 이어지게 한 다음 약간 빠른 템포로 몇 번 더 시도할 수 있다.

물론, 부상의 재활을 통해 다시 무용으로의 복귀를 계획하는 경우 고려해야 할 다른 요소가 있다. 수업이나 리허설로 돌아가 여러 요구에 대처할 수 있도록 근육 지구력을 구축해야 한다. 이 경우 과도하지 않은 수준으로 반복해야 한다(이 책에서 부상과 재활에 대한 모든 문제를 다룰 수는 없다. 부상을 입은 무용수들은 의학 전문가에게 부상 진단을 받고 재활 방법이나 시간에 대한 조언을 얻어야 한다.).

아마도 이러한 운동을 효과적으로 사용하는데 있어서 가장 중요한 요소는 '운동 A'나 '운동 세트 1' 같은 용어들을 고려하는 것이 아니라 순전히 움직임에 집중해야 한다는 것이다. 그들은 항상 의도와 (신체가 이루는) 선에 중점을 두어야 하며 완전히 분리된 것이 아니라 기술 수업의 일부가 되어야 한다.

운동이 아니라 일이다. Work, Not Workout

이 말은 필라테스 기반 컨디셔닝이 '운동'이 아니라 '일'이라는 생각을 갖게 한다. 이것은 내면에서 나와야 하는 지원 시스템으로 당신의 몸과 함께 일하는 것이다. 운동은 외부에서 적용되어 당신의 몸에 무언가 일어나는 완전히 다른 것이다. 무용 기술과 마찬가지로 여기에 설명된 동작 솔루션은 사용자에게 적합하고 개별 기술 능력을 지원할 수 있도록 조정되어야 한다. 어떤 기술을 따르기 위해 신체를 강요해서는 안될 것이다.

자가 스캔 The Self-Scan

이 책 전반에 '자가 스캔(self-scan)'이라는 용어가 자주 나온다. '자가 스캔'이 무슨 뜻일까? 무용수에게 '오늘은 어때요?'라는 질문은 이루고 싶은 것은 우선 순위를 파악하고 잠재적 문제를 인식하는 명확한 순간이다. 이와 함께 그날의 작업량을 평가하고 이에 대처할 신체의 준비 상태를 평가한다. 여기에는 전달해야 할 많은 정보가 있다. 일일 자가 스캔에 익숙해지고 간결하게 정보를 공유하는 것을 배우는 것이 당신과 또한 함께하는 동료들을 위해서도 아주 유용하다.

자가 스캔은 아침에 일어나자마자 침대에서 일어나기 전에 또는 수업 전에 스튜디오에 있을 때 할 수 있다. 어느 쪽이든 운동을 많이 하기 전에 수행하는 것이 좋다. 예를 들어, 힘든 하루를 마치면서 하는 것은 무의미하다. 밤에 이를 반복하는 유일한 이점은 비교를 통해 낮에 한 운동이 신체 상태에 어떤 영향을 미쳤는지 확인하는 것이다. 아침에 하면 아주 작은 것도 알아 차릴 수 있다. 자신의 상태를 확인하고 그날의 활동과 자신의 건강에 어떤 영향을 주는지 살피는 것이다. 이는 비행기 조종사가 모든 스위치와 전조등을 비행 전을 철저히 확인하는 것과 같은 이치이다.

자가 스캔은 앙아워나 안거나 일어선 상태에서 할 수 있다. 발에서 시작하여 위로 또는 머리에서 아래로 원하는 방식으로 할 수 있다. 어느 쪽이든 항상 같은 순서로 하는 것이 상세 내용을 놓치지 않는 방법이다.

확인하는 부위의 연조직 장력을 관찰하고 관절 주변의 무게 분포를 확인한 다음 관찰한 내용을 신체의 다른 쪽과 비교한다. 예를 들어, 당신이 누워 있다면, 오른쪽 어깨 뼈는 왼쪽에 비해 어떤 상태라고 느껴지는가? 앉아서 허리를 곧게 세우고 있다면, 자신의 무게가 엉덩이의 한쪽으로 치우쳐져 있다던지 뼈가 눌리는 느낌은 없는가?

예를 들어, 한쪽 발목이 제한적이거나 발가락이 아프다는 것을 알아차리는 것과 같이 부정적 측면에만 집중하는 것이 아니라 긍정적인 점을 인지하는 것이 중요하다. 아마도 자가 스캔을 하면서 흉곽이 몇 주 전에 심호흡 했을때 보다 더 탄력이 있다는 것을 알 수 있을 것이다. 구부려 누운 자세(crook lying position)에서는 엉덩관절 쪽으로 더 편안함을 느낄 수도 있다. 어제 또는 지난 주보다 정말로 기분이 나아진 부분을 기록해 보자.

자가 스캔은 단순히 '좋음' 또는 '나쁨' 라벨을 붙이는 일이 아니라 오히려 상황에 주목하고 정보를 중심으로 하루의 계획을 조정하는 것이다. 무릎 아래가 매우 피곤하고 경직되어 있다면 점프나 뿌엥뜨(pointe) 작업을 줄일 수 있을 것이다. 또는 활동적 스트레칭이나 마사지에 적합한 시간에 대한 우선 순위를 결정할 수도 있다.

매일 자가 스캔을 하면 자신의 구조와 업무량에 대해 더 잘 알게 된다. 무용은 까다로운 직업이기 때문에 신체가 새로운 안무, 긴 시간 또는 특히 바쁜 공연 일정에 어떻게 반응하는지 배우는 것은 부상을 예방하고 경력을 이어 가는 데 도움이 된다.

운동 따라하기 FOLLOWING THE EXERCISES

각 장의 모든 동작은 엘리트 수준의 전문 무용가가 포즈를 취하는 단계별 사진과 함께 설명되어 있다. 어떤 동작의 경우 사진에 더 미묘한 요소를 표시하거나 동작의 빠른 단계를 구분해야 하는 경우 더 많은 서면 지침을 포함하고 있다. 일부 운동은 올바른 실행을 돕기 위해 시각적 측면을 더 강조한다. 그러므로 동작을 시도하기 전 설명과 사진을 모두 참조해야 한다.

책을 읽으면서 익숙한 동작을 따라 하더라도 열린 마음과 신선한 관점을 유지하도록 하라. 매일 수행하는 작업으로 자동 모드로 쉽게 전환할 수 있다. 나는 한 때 유명한 재즈 무용가 루이지의 수업을 들었다. 그는 쁠리에를 하더라고 처음 하는 것처럼 그 동작을 제대로 해야 한다고 말했다.

이런 마음 자세로, 어떤 동작을 처음 시도할 때, 자신만의 워크샵이라고 생각해 보라. 각 동작들은 변경할 수 없는 것이 아니다. 다른 버전이나 다른 박자로 시도해 볼 수 있다. 새로운 기술을 완벽하게 하려고 하면 집중력이 더 강해지거나 부자연스러워지거나 단절된 방식으로 움직일 때 종종 약간의 긴장이 생길 수 있다. 발레를 배우는 학생들은 발레 용어에 새로운 단계가 추가될 때마다 긴장한다. 연습을 통해 운동 학습이 향상됨에 따라 긴장이 사라지고 유동적이고 표현력 있는 춤 구현이 가능해진다.

책에 나오는 사진들은 선생님에게 배우거나 무용수를 따라하는 것을 대신하는 것이다. 이 사진들이 당신에게 영감을 주기를 바란다.

사진에 나오는 각 무용수는 가능한 정확한 움직임을 보여주려고 노력했다. 아무리 완벽해 보이는 공연을 한 무용수라 하더라도 자신의 신체적 한계와 개성이 있다. 나와 함께 하는 모든 사람들이 자신만의 개별 프로그램을 따르기 때문에 시연하는 모든 동작이 그들에게 익숙한 것은 아니다. 결과적으로 이러한 이미지 중 일부는 특정 동작을 처음 하는 무용수의 사진일 수도 있다. 단계별 포즈 사진은 이 책에 오래 남으므로 기꺼이 이 작업에 동참한 무용수들은 큰 박수를 받을 만하다. 이상적이지 않더라도 넓은 마음으로 이해해 주기를 바란다. 모든 무용수는 특히 이 책과 같은 영구적인 기록에서 가능한 한 완벽해 지려고 노력했다.

자 이제 시작해 보자!

발레리나.

제2장

수평계(spirit level)의 균형: 코어 조절

BALANCING THE SPIRIT LEVEL: CORE CONTROL

자신의 코어 균형 찾기

FINDING YOUR CORE BALANCE

지난 몇 년 동안 피트니스 산업은 '코어 안정성'에 집착하여 다양한 마케팅을 해왔다. 코어 안정성의 초점은 움직임 조절보다는 미용적 측면이 강조되어 왔다. 최신 유행과 패션에 대응하기 위한 본질적으로 기본적인 복부 운동에 대한 끊임없는 리브랜딩은 엘리트 수준의 운동 선수 또는 무용수에게는 거의 사용되지 않는다. 반면 필라테스를 하는 사람들은 코어가 가장 중요하며 모든 운동의 시작이라는 데 동의한다. 무용에서는 코어 조절은 중앙과 연결되어 호흡에 반응하고 모든 방향으로의 움직임을 통해 지원되는 느낌을 의미한다.

무용과의 연관성에 관계없이 필라테스는 항상 코어의 힘과 관련이 있다. 전통적으로 필라테스 수업에는 대부분 조셉 필라테스가 고안한 원래 레퍼토리에서 나온 복부 운동이 많이 포함된다.

나는 복부/골반 조절 운동을 설명할 때 '코어 균형'이라는 용어 사용을 선호한다. '안정성'이라는 용어는 움직임 조절 작업의 정적 또는 경직적 요소를 의미할 수 있다. 코어 훈련으로 인해 복부 근육의 지속적인 과잉 모집 상태가 계속되면 운동 품질에 장애가 될 수 있다.

균형의 의미를 표현하기 위해 종종 비유적으로 수평계를 사용할 것이지만, 때로는 훈련 세션에서 시각적 목적으로 사용할 것이다. 수평계 안의 기포는 튜브 내에서 떠서 가볍게 미끄러지며 점차 평형 상태로

사진: 수평계.

조정된다. 평형을 이루면 가만히 있지만 결코 움직이지 않는 것은 아니다. 수평계는 동적이라 작은 진동이나 추가 부하에도 빠르게 반응할 준비가 되어 있다. 무용수가 복부 근육을 사용하는 방식도 이와 같다. 낮은 수준의 효율성으로 받쳐주는 힘 없이 큰 힘을 가할 때 반응할 수 있다.

유동적인 움직임에서 코어 조절은 핵심적인 역할을 한다. 무용수는 자신의 위치나 단위 끝에 붙은 포즈로 깊은 인상을 남길 수 있지만, 때때로 눈에 거슬리는 포즈가 있을 수도 있다. 무용수가 반드시 기술적으로 잘못하는 것은 아니지만, 위치를 전환할 때 뭔가 오류가 있을 수 있다. 관객들은 이러한 단절이 드러나고 단계 사이에서 완벽함이 사라지는 순간을 알아 차릴 것이다.

코어 안정성 또는 앞으로 내가 사용할 용어- 코어 균형은 똑바른 자세뿐 아니라 회전, 점프, 구부리는 자세와 비트는 동작에서도 나타난다. 이러한 코어 균형이 깨지는 순간이 있다면, 단절이 드러나게 되며 관객들은 정확히 설명하지는 못해도 그러한 상황을 알아차릴 것이다. 몸통은 가만히 있고 다리를 움직이는 코어 운동을 주로 사용하는 이유는 예를 들어, 복부를 구부리는 어느 운동보다 발레에서 더 기능적이기 때문이다. 내 경험에 따르면, 이런 형태의 운동은 무용수를 위한 코어 작업에서 최고의 시작점이다(한 가지 예외는 필라테스 아크나 척추교정기이다. 이 경우, 등 위쪽 확장에서 구부리는 동작은 캄브레에서 똑바로 돌아오는 동작과 같을 뿐만 아니라 코어 조절 작업 중에 깊은 엉덩이 굴곡근을 이완시키는 좋은 방법이다.).

내가 무용수와 작업을 진행한다면, 그들의 프로그램은 선 상태에서 좀 더 역동적으로 코어를 사용하도록 하는 것과 여러 방향에서의 움직임을 조절하는 것을 보는 것을 포함하게 될 것이다. 이는 회전 구성요소나 사지를 포함한 좀 더 복잡한 동작을 포함하는 것이다.

운동들 THE EXERCISES

이 섹션에서 다루는 모든 운동은 척추를 바르게 중립시킨 상태에서 시작한다. 아직 척추 중립을 이루지 못했다면 척추 중립이 무슨 의미인지에 대한 설명을 읽고 이해한 다음 시도하라.

구부린 무릎 펴기 Bent-Knee Fall-Outs

당신의 하루를 이 익숙한 운동으로 시작한다면 출발이 좋다고 할 수 있다. 척추 중립을 재인식하고, 호흡 조절 및 복부 설정 과정에 집중할 수 있는 기회이다.

1. 양쪽 다리를 구부리고 뒤꿈치를 골반과 일직선

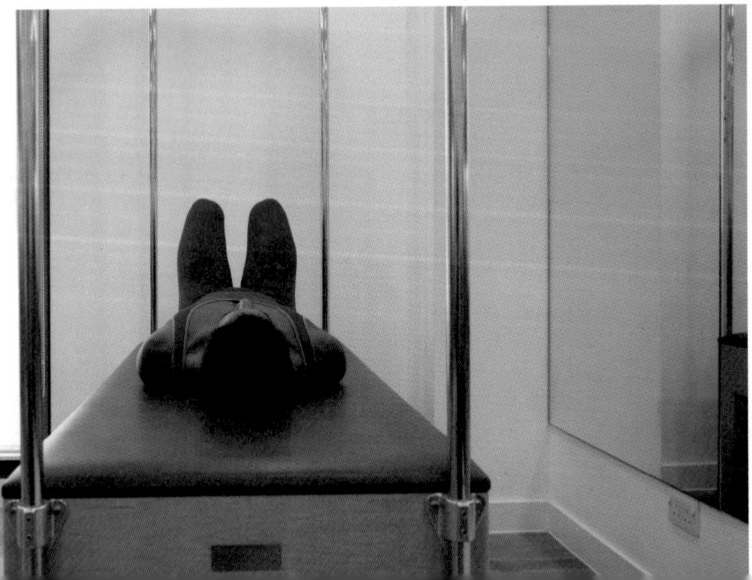

두 다리를 구부리고 누워서 시작한다.

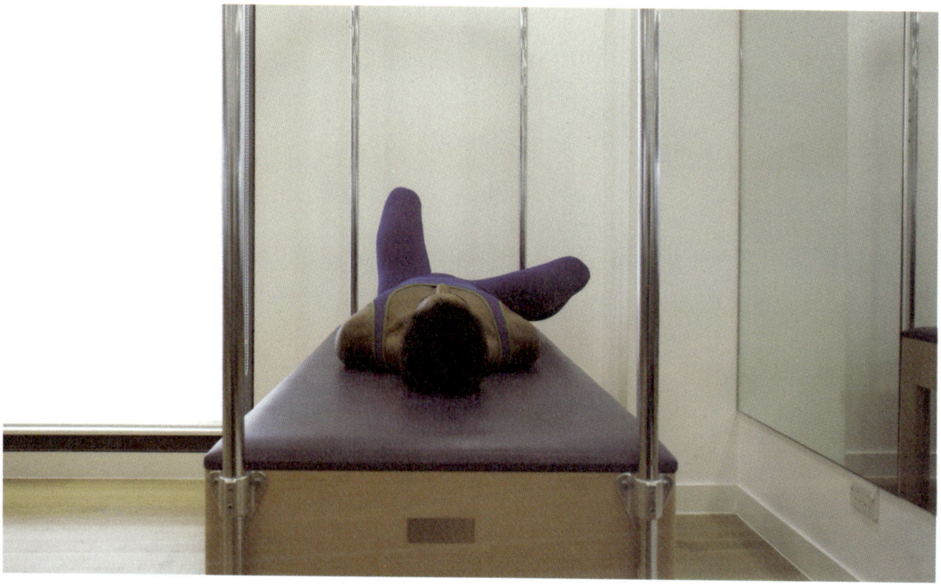

사진: 측면이 안정적으로 지지할 수 있을 정도 까지만 무릎을 내려준다.

으로 하여 눕는다.

2. 숨을 내쉬면서 복횡근(transversus abdominus, TA)의 움직임에 주의하며 한쪽 무릎을 부드럽게 바깥쪽으로 열어준다. 너무 많이 나가지 않아도 되며 엉덩이가 안정적으로 지지되도록 하는데 중점을 둔다. 움직이는 측면으로 이동하거나 무게가 가해져서는 안된다.
3. 반대쪽 다리도 동일하게 해 보면서 양다리를 비교해 본다. 8회 반복한다.
4. TA는 각 엉덩이 방향으로 대칭적으로 움직여야 하며 요추는 중립을 유지해야 한다.
5. 다리를 움직일 때 반대쪽 팔도 열어주면서 상체에 움직임이나 긴장이 없는지 관찰한다.

알아두기

처음 이 세 운동을 할 때 하체 근육의 활성화에 초점을 맞춰야 한다. 가능한 적은 긴장을 사용하고 자신의 움직임이 부드럽고 상체가 차분한 상태인지 확인한다. 다리 무게에 대한 코어의 자연스러운 반응을 인식한다.

슬라이드 Slide

슬라이드는 요추 조절 인식 능력을 높여주는 좋은 운동이다.

1. 반듯이 누워서 한쪽 다리를 늘려준다. 숨을 내쉬면서 골반쪽에서부터 발쪽으로 슬라이딩한다.
2. 구부려 누운 자세로 돌아와서 다른 쪽 다리를

한쪽 다리를 늘려주며 시작한다. 동작을 부드럽게 유지한다.

엉덩이를 중립 시키려면 길게 뻗는다.

늘려준다.

3. 요추 중립을 유지한다.
4. 조금 더 어렵게 해보고 싶다면, 다리를 중간에 번갈아 가며 한쪽 다리가 다른 쪽이 구부러질 때 확장되도록 한다.

무릎 올리기 Knee Floats

1. 누워서 숨을 내쉬고 한쪽 무릎을 몸쪽으로 구부려 엉덩이와 무릎이 90°가 되게 한다.
2. 대퇴부 머리가 엉덩관절에서 뒤쪽으로 미끄러지도록 한다. 이것은 엉덩이를 접는 동작이다.
3. 발을 매트에 부드럽게 내리고 반대쪽도 똑같이 한다.
4. 이 동작이 쉽다면 골반이 안정된 상태를 유지하면 두 무릎을 동시에 움직여본다. 다른 한쪽이 시작위치로 돌아가면 엉덩이가 구부러진다. 이 동작은 복부 조절이 훨씬 어려울 것이다.

한쪽 다리를 들어 올려 엉덩관절과 90°를 이루게 한다.

다리 사이에 가볍게 쿠션을 두어 양 무릎이 몸쪽으로 오게 한다.

베개 복부 Pillow Abdominals

이 간단한 운동은 매우 낮고 깊은 복부를 느끼는 데 어려움을 겪는 모든 사람에게 가장 적합하다. 이는 아다지오(adage)에서 다리를 들어 올려 조절을 유지하는데 매우 중요하다.

1. 엉덩이와 무릎이 모두 몸통쪽으로 구부리고 이완된 상태로 눕는다.
2. 허벅지 사이에 반으로 접은 베개를 놓고 안쪽으로 살짝 누른다.
3. 숨을 내쉬면서 척추 중립을 유지하고 양 무릎을 몸쪽으로 붙인다. 대퇴골(허벅지 뼈)이 엉덩이 깊숙이 아래로 내려가는 모습을 생각해 본다.
4. 이완하기 위해 숨을 들이마시고 이 동작을 20회 반복한다.

정중선 챌린지 The Midline Challenge

위의 모든 운동은 유용한 하체 운동이지만, 그 자체만으로는 아다지오를 성공적으로 실행하거나 파트너를 들어 올리는 데 필요한 힘을 얻기에는 너무 약하다. 이 운동으로 더 많은 부하로 복부에 스트레스를 주는 능력과 자세를 테스트할 수 있다.

1. 양쪽 다리를 구부린 상태에서 누워 시작하고 무릎은 엉덩이와 90°, 발은 무릎보다 약간 높게 한다.
2. 양팔을 어깨 위로 똑바로 뻗어 올린다.
3. 숨을 내쉬면서 척추 위치를 변경하지 말고 위쪽 팔과 아래쪽 팔을 중심으로부터 이동시킨다.
4. 팔과 다리를 동일하게 움직이도록 한다. 손으로 함께 반복하고 흉골 위에 정렬한다. 손바닥과 무릎을 몸의 중간 선에 함께 배치하면 코어 조절에 대한 요구가 증가한다.

이는 이중 동작처럼 턴아웃에서도 수행할 수 있다.

정중선을 찾고 중심에서 동일하게 움직인다.

중심에서 동일하게 움직이면서 얼마나 몸을 뻗을 수 있는지 시험해 본다.

외회전을 시도한다.

조절하면서 최대한 몸을 뻗어 본다.

곧은 다리로 하는 정중선 챌린지

The Midline Challenge with Straight Legs

곧은 다리로 정중선 챌린지를 시도해 볼 수도 있다. 다리를 쭉 펴서 지렛대를 늘리는 것이다. 즉, 부하를 더 많이 주는 것이다.

1. 다리를 90°로 들어 올리고 바깥쪽으로 회전시킨다. 팔은 첫 번째 위치에 오도록 한다.
2. 중심에서 양 방향으로 멀어지도록 한다.

다리를 90° 들어 올리는 시작 자세를 잘 취한다.

팔과 다리를 들어 올려 중심에서 서로 멀어지게 한다.

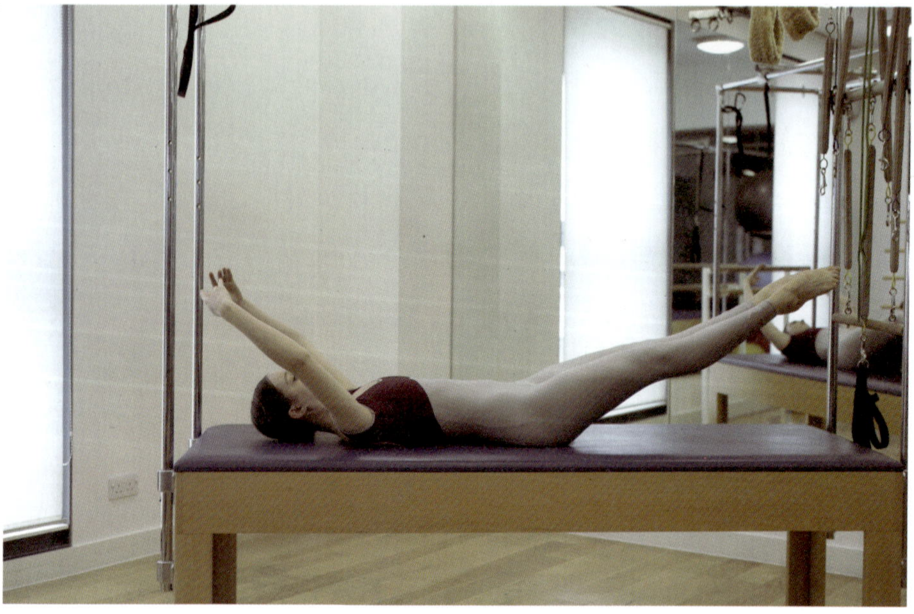

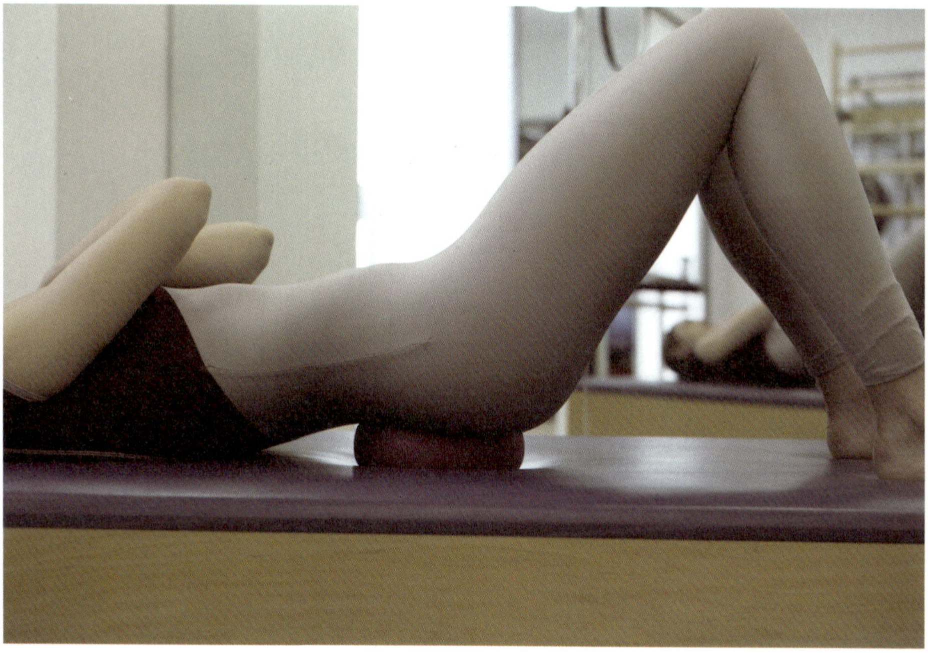

소프트볼을 이용하면 약간의 안정성 손실도 알아낼 수 있다.

다양하게 하기 위해 이러한 운동을 패러세터에서 하면 더 흥미로운 도전이 된다. 엉치뼈 아래에 놓인 소프트볼은 이러한 많은 코어 운동의 요구를 증가시키는 또 다른 편리한 소품이다. 이를 이용하여 안정성의 작은 유실도 알아낼 수 있다.

알아두기

이러한 운동들을 수행할 때 수평계의 기포가 중앙에 잘 자리잡고 있는 것처럼 자신의 몸에서 코어가 잘 작동하고 있는지 상상해보자. 이러한 운동의 3차원적 측면을 계속 살펴보면 몸통의 앞뒤에 있는 근육계 사이의 연결을 더 깊이 이해할 수 있기 때문이다.

이중 다리 확장 Double-Leg Extension

1. 매트 위에서 바로 눕거나 폼롤러 위에 골반을 지지한 상태에서 한 번에 한쪽 다리를 엉덩이 굴곡으로 들어 올려 요추를 안정시킨다.
2. 한쪽 다리를 편다. – 궁극적으로는 엉덩이 중립을 목표로 하여–다른 다리를 자세에 맞게 편다.
3. 한 번에 한 다리씩 시작 위치로 돌아간다.

두 다리를 앙레르로 시작한다.

한 다리씩 몸통에서부터 뻗는다.

두 번째 다리를 확장하는 것은 까다롭다.

골반 아래 폼롤러를 두어서 전체 몸이 길어지는 것을 느껴보자.

깊은 엉덩이 굴근 Deep Hip Flexors

바르게 누운 후 저항을 위해 세라밴드, 리포머 스트랩 또는 암체어 스프링에 부착된 줄을 사용한다. 매트나 의자 위에 있다면 아래 다리를 상자나 의자 위에 올려서 안정되게 한다. 필라테스 암체어가 있다면 같은 자세를 해볼 수 있다.

이를 리포머에서 한다면, 리포머의 라이저 끝을 바라보고 움직이지 않는 다리는 헤드레스트에 둔다. 좌골(sit bone)이 어깨 패드까지 오게 된다.

이 운동은 깊은 고관절 굴근을 활성화하고 강화하는 데 효과적이며, 아다지오 작업에서 다리를 90° 이상 올리는 데 필수적이다. 병렬로 수행할 수도 있고 엉덩이를 바깥쪽으로 살짝 돌려서도 할 수 있다.

1. 엉덩이를 모두 90°로 구부린 상태에서 숨을 내쉴 때 뒤꿈치를 몸쪽으로 밀어 엉덩이를 접는다.

상자쪽으로 미끄러져 내려오는 대퇴골의 머리를 엉덩 굴곡근으로 생각해 보자.

2. 대퇴골의 머리가 엉덩관절에서 아래로 미끄러져 내려오는 것을 생각해보자.
3. 숨을 들이쉬면서 처음 자세로 돌아온다. 각 쪽에 대해 8회 시도한다.

필라테스 암체어가 있다면 스프링을 사용하도록 이 운동을 조정할 수 있다.

이 운동은 외부 고관절 회전으로 시도할 수도 있는데, 대부분의 무용수들에게 불필요한 표면 긴장을 풀어주는 데 도움이 된다.

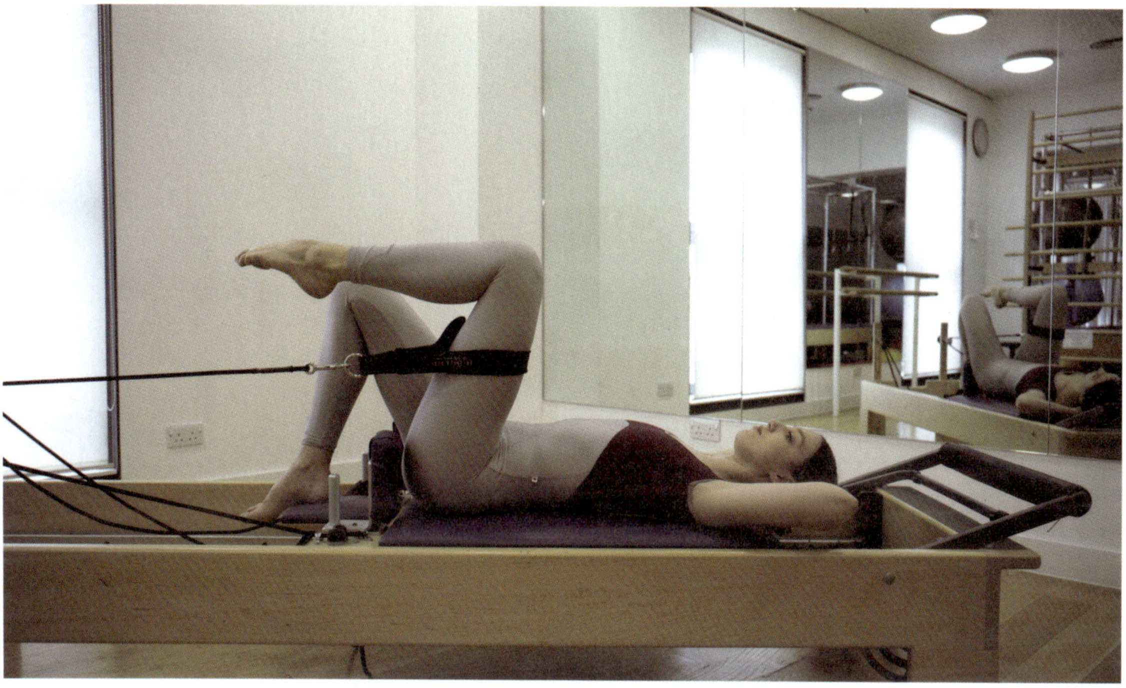

이 운동은 리포머에서도 할 수 있다.

알아두기

무릎이 몸통쪽으로 오면서 좌골은 늘어난 상태로 유지되고 관절은 중립 상태에 있기 때문에 이 뼈들이 삼각형을 이루어 매트 위에 정렬되어 있다. 이 결과로 엉덩이 앞뒤의 거리가 생긴다.

한 다리 스트레칭 Single-Leg Stretch

이는 고전적인 필라테스 동작으로 다양한 응용이 가능하다.

1. 엉덩이와 무릎이 90°를 이루어 바로 누운 상태에서 시작하며 복부를 구부려 상체를 들어 올린다.
2. 한 다리를 앙레르로 펴주고 양손으로 다른 다리 무릎 아래를 부드럽게 잡아 주어 팔이 엉덩이까지 올라오도록 한다.
3. 한 다리를 펴고 다른 다리를 굽히면서 천천히 다리를 바꿔주고 10번 반복한다.
4. 횡단면을 사용하여 다리를 펴면서 숨을 내쉬고 골반 바닥을 들어 올리는 것을 생각한다.

척추 중립을 유지하면서 골반 아래에 폼롤러를 놓아 이 운동을 시도할 수도 있다. 이 동작으로 배가 아플 수 있기 때문에 이 버전에서는 등 위쪽과 어깨에 긴장을 주지 않도록 한다. 또한 요추 안정성에 영향을 미치므로 이 부위에 부담을 주지 않도록 주의한다.

또 다른 변형은 가벼운 세라밴드로 발을 느슨하게 묶어 저항을 추가하는 것이다. 이 버전에서는 일반적으로 깊은 엉덩이 굴곡근을 통해 길이를 유지하는 데 초점을 맞추는 것이 좋다. 이 부위에 더 많은 하중을 가하기 위해 구부러진 다리를 적극적으로 당기는 것도 흥미로운 시도이다.

머리의 정수리에서 확장된 다리의 발가락까지 길어진 느낌이 든다.

다리를 바꿔줄 때 골반 안정성을 유지하고 동작을 부드럽게 유지한다.

다른 쪽 다리를 펴줄 때 같은 길이감이 느껴지는지 살펴본다.

복부 파세 Passé Abdominals

나는 발레 동작을 위해 가급적 기능적인 운동을 하는 것을 좋아한다. 연습에서 무용 기술로의 기술 이전 속도를 높이기 때문에 연습 중인 동작과 유사한 단계를 생각하는 것이 항상 도움이 된다.

이것은 아다지오와 피루엣의 골반 위치를 개선하고 좌우 불균형을 드러내는 매우 기능적인 복부 운동이다. 매트나 의자에 누운 자세로 수행할 수 있지만 골반 아래에 폼롤러를 놓고 수행하면 더 많은 도전을 제공하고 심미성을 향상시킨다.

1. 바르게 누운 자세로 시작한다. 폼롤러가 있다면 골반 아래에 두고 몸의 중립을 유지한다.
2. 양쪽 엉덩이를 접고 대퇴골을 90°의 엉덩이 굴곡 상태로 만든 다음 한쪽 다리를 펴고 엉덩이에서 중립인 요추-골반 위치와 길이를 유지한다.
3. 숨을 내쉬고 복횡근(TA)을 들어 올릴 때 두 다리를 모두 편다. 이렇게 하면 피루엣에서와 같이 파세 위치로 가게 된다.
4. 숨을 내쉬면서 병렬 파세 자세로 돌아가고 이를 2번 더 반복한다.
5. 펴진 다리를 구부리고 반대쪽에서 다시 시작한다. 각 다리에 대해 2-3번 반복하는 것이 좋다.

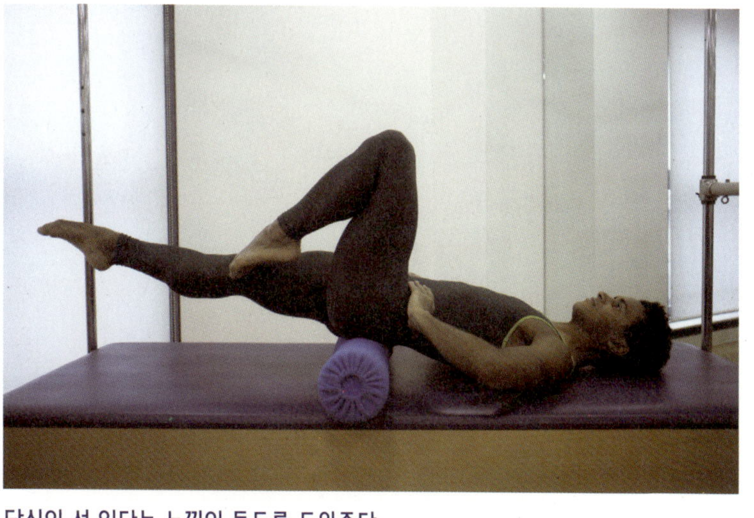

당신이 서 있다는 느낌이 들도록 도와준다.

엉덩이를 움직일 때 옆으로 밀리거나 체중이 가해지지 않도록 한다. 엉덩이 옆에 손을 대면 골반의 미묘한 움직임이나 회전을 알 수 있다. 힘을 줄 때 엉덩이를 최대한 벌려 파세 자세를 취한다.

알아두기

흉곽이 튀어 나오게 하지 않고 이를 호흡 조절과 연관시키지 않으면서 척추 중립을 길게 유지하는 데 집중하자. 움직임과 호흡의 흐름을 부드럽게 유지한다. 다리를 펴면서 중심에서 멀어질 때 골반 바닥이 들리는 것을 느껴본다. 이는 갈비뼈와 골반 사이에 공간감을 준다. 파세 자세로 다리를 벌릴 때 당신의 수평계 물방울이 중심에 있다고 생각해 보라.

기본 측면 안정성 Basic Side Stability

1. 양다리를 펴고 옆으로 눕는다. 목을 지지하기 위해 작은 쿠션이나 말아놓은 수건을 목과 어깨 사이에 둔다.
2. 처음에는 한쪽 손을 몸을 지지하기 위해 앞에 두지만, 할 수 있다면 팔을 머리 위로 올려 본다.
3. 다리를 나란히 정렬하면서 숨을 내쉬고 양다리를 중심에서 멀어지게 하여 매트 위에 떠 있는 것처럼 한다.
4. 다리를 내리며 숨을 들이쉬고 바로 8-10회 반복한다.

엉덩이를 중립 위치로 하여 두 다리를 늘려 엉덩이를 다른 쪽 바로 위에 정렬한다.

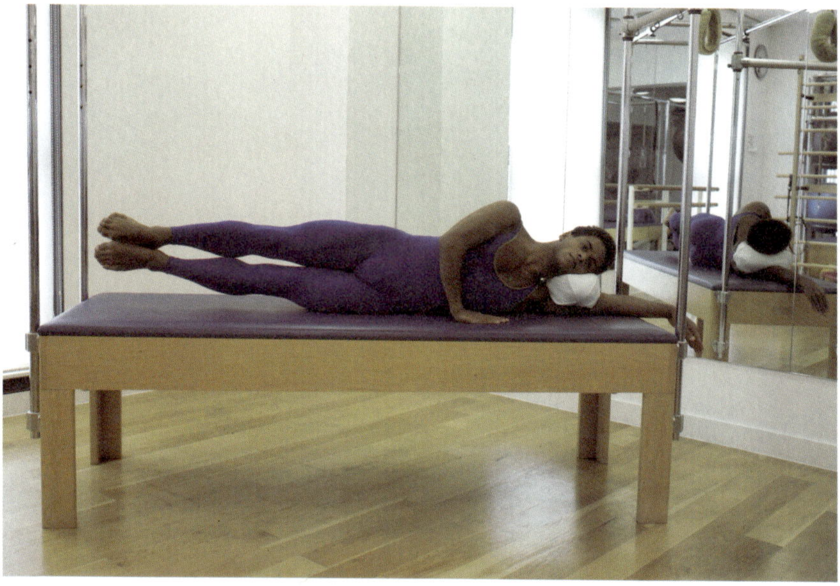

다리를 들어 올리는 것보다 펴는데 집중한다.

조금 더 어렵게 해보려면 다리를 바깥쪽으로 회전한 상태에서 발목 사이에 중간 크기의 공을 놓고 위에서 설명한 대로 반복한다. 이렇게 하면 당신의 내전근을 느낄 수 있다.

이를 더욱 발전시키려면 두 다리를 외회전으로 들어 올리고 4번 자세에서 4번 자세로 앞뒤로 움직여 두 다리를 똑같이 움직여야 한다.

위쪽 팔을 머리 위로 들어 올리면 안정성을 유지하기가 더 어려워진다.

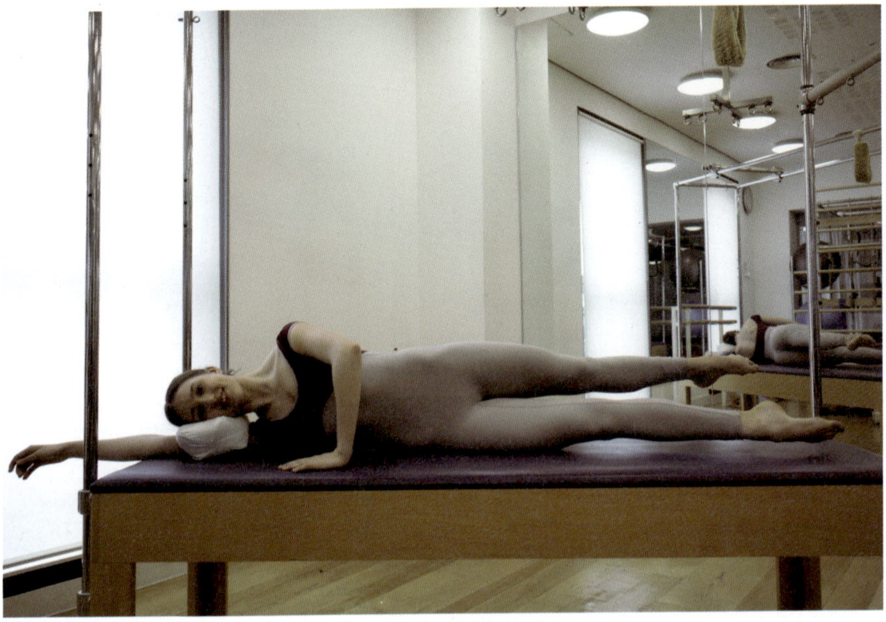

몸통 공간을 유지하기 위해 가능한 한 양쪽 다리를 뻗어 준다.

양쪽 다리를 똑같이 움직이도록 한다. 위쪽 다리가 항상 더 편하게 느껴질 것이다.

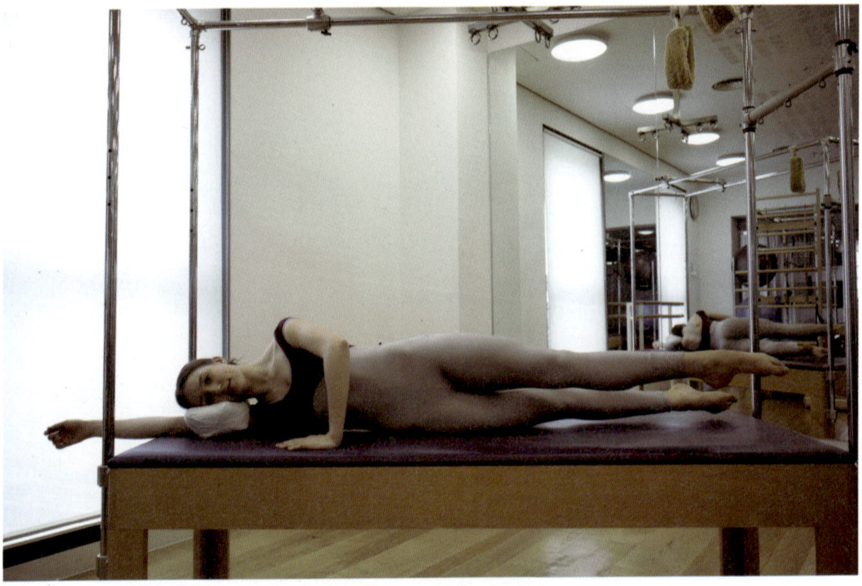

래더 배럴 측면 운동 Ladder Barrel Sides

래더 배럴을 사용할 수 있다면 서 있는 운동을 할 때 발뒤꿈치에서 손가락 끝까지 몸 전체를 연결하는 데 좋다.

1. 한쪽 엉덩이를 배럴에 기대어 서고 다리는 4번 자세로 사다리 가까운 쪽에 위치시킨다. 유익하다고 느낄 수 있는 다양한 움직임을 얻을 수 있을 만큼 키가 크지 않다면 폼롤러 위에 선다.
2. 팔 아래를 늘려주고 4번 위치에서 팔을 부드럽게 한다.
3. 숨을 들이쉬면서 허리를 위로 올리고 배럴 위로 몸을 옆으로 구부린다. 숨을 내쉬면서 사선으로 선 자세를 하고 8–10회 반복한다.

시작하기 위해 엉덩이가 안정적인 자세를 취한다.

아래 쪽에서도 몸을 길게 뻗어주고 두 손과 몸통의 연결을 유지한다.

위쪽에서 회전을 시작한다. 더 많이 회전할수록 흉골이 사다리쪽으로 당겨지는 것을 생각하고, 가슴과 어깨 띠를 가로질러 열린 느낌이 들게 된다.

비스듬한 복부와 척추 회전근을 결합하려면 사다리쪽으로 몇 번 회전한 후 측면 구부림으로 돌아간다.

알아두기

수평계 이미지를 염두에 두고 회전할 때 기포가 갈비뼈의 보호 공간 안에 있다고 생각해 보자. 반복할 때마다 몸을 좀 더 길게 늘려서 상체가 골반에서부터 자라난다고 상상해 보라.

더 많이 회전할수록 흉골(가슴 뼈)이 사다리 쪽으로 당겨지는 것을 생각하고 가슴과 어깨 띠를 가로질러 열린 느낌을 받게 된다.

플랭크 Plank

플랭크는 최근 들어 굉장히 많이 하는 운동이 되었다. 잘 흐르는 호흡으로 제대로 접근한다면 무용수에게 유용한 운동이다. 플랭크를 하는 다양한 방법이 있지만 팔꿈치나 편 팔로 하는 기본 운동으로 시작하는 것이 가장 좋다. 경직을 피하기 위해 움직이면서 하는 플랭크는 상체를 안정시키고 다리를 움직이기 때문에 무용수에게 최고의 기능적 운동이다.

기본 플랭크에서 손이나 팔꿈치는 선택한 위치에 따라 어깨 아래에 있어야 하고 다리는 엉덩이 바로 뒤로 확장되어 요추 중립을 유지해야 한다. 30초에서 최대 1분으로 시작한다.

정수리에서 발꿈치까지 길게 뻗은 느낌을 느껴본다.

팔을 뻗으면 어깨뼈를 더 잘 지지할 수 있다.

간단한 도구나 필라테스 장비 또는 로페스 같은 지지 훈련 키트를 이용해 좀 더 발레 동작 같은 플랭크를 수행할 수 있다.

리포머에서 플랭크를 하면 스프링에서 몸무게에 하중을 더해주기 때문에 더 어려워진다. 가벼운 스프링은 캐리지를 덜 안정적으로 만들어 코어에 더 힘이 들어가게 하므로 너무 무겁게 하지 않도록 한다.

1. 풋 바(foot bar)를 자신에게 적합하게 높은 위치나 중간 위치에 놓는다.
2. 캐리지에서 무릎을 꿇고 시작하여 플랭크 자세를 취하며 캐리지를 바깥으로 민다.
3. 복부 힘으로 버티지 말고 자세를 취하는 동안 호흡한다.
4. 30초로 시작하여 1분까지 해본다. 스프링은 초록 한 개, 빨강 한 개 또는 파랑 한 개를 권장한다.

발목 아래에 폼롤러를 놓으면 코어의 동작을 더 잘 알 수 있다.

이런 방식으로 하면 스프링에서 체중에 하중이 더해진다. 너무 무겁게 하지 않도록 주의한다. 가벼운 스트링을 쓰면 캐리지의 안정성이 떨어져 코어의 긴장도 증가한다.

골반 회전 플랭크 Plank with Pelvic Rotation

1. 주먹과 팔꿈치가 닿는 고전적인 플랭크 자세를 취한다.
2. 두 발을 붙이거나 약간만 떨어뜨리고 플랭크를 하는 동안 각 발에 동일한 하중이 유지되게 한다.
3. 숨을 내쉬면서 한쪽 엉덩이를 바닥쪽으로 돌려준다.
4. 그런 후 중심을 돌려서 다른 쪽 엉덩이가 바닥쪽을 향하게 한다. 요추의 회전을 느낄 수 있을 것이다. 단, 항상 어깨 거들을 정사각형으로 유지해야 한다.

엉덩이와 어깨를 정사각형으로 만든다.

한쪽 엉덩이를 바닥으로 향하는 동안 몸의 다른 모든 부분이 안정적으로 유지되어야 한다. 한쪽의 움직임이 더 편하거나 덜 안정적이지 않은지 확인해 본다.

움직이는 플랭크 Moving Planks

경직을 피하기 위해 움직이는 플랭크는 무용의 요구에 적합한 적응 가능하고 효율적인 코어를 만드는 데 매우 유용하다. 이런 이유로 장비를 사용하면 더 도전적이고 발레적인 버전을 제공할 수 있다.

서스펜션 훈련을 사용하면 다리를 움직이는 동안 코어를 조절하므로 플랭크를 무용을 위한 더 기능적인 운동으로 만들 수 있다. 이것은 몸통과 하체의 분리를 개선하는 정말 좋은 방법이며, 아다지오에서 조절 및 배치에 필수적이다.

1. 팔에 지지할 때 바닥과 평행하게 긴 자세를 유지해야 하므로 설정한 슬링 높이를 확인한다.
2. 옆구리를 유지하면서 다리를 바깥쪽으로 회전시킨 상태에서 시도한 다음 균일한 템포로 첫 번째 위치에서 두 번째 위치로 다리를 열고 닫는다.
3. 한쪽씩 번갈아 가면서 각 다리를 파세 자세로 해볼 수도 있다.
4. 좀 더 심화된 동작을 하기 위해서는 한 다리를 엉덩이로부터 일직선이 되도록 하고 2번으로 가는 탄듀(tendue)를 하면서 다른 다리를 벌려준다. 플랭크 자세를 하면서 각 다리에 대해 4회 반복한다.

알아두기

어떤 플랭크를 하든지 복부 수축에 변화를 허용한다. 최대밑 작업이기 때문에 복부 지지를 하지 않는다. 숨을 참지 말고 들이쉬고 내쉬기를 고르게 반복한다. 서스펜디드 플랭크에서 다리를 골반에서 멀어지게 하고 점프를 한다고 상상하면서 코어를 조절한다.

엉덩이 중립 자세.

각 다리를 동일하게 벌려서 2번 자세를 취할 때 주의한다.

리포머 운동

EXERCISES ON THE REFORMER

필라테스 장비는 코어 균형 작업을 위한 다양한 방법을 제공한다. 다음의 리포머 운동들은 작업의 3가지 측면을 제공한다. 첫째는 하복부 운동을 느끼는 데 탁월하고, 두 번째는 근력을 위한 '전신' 운동이라는 것, 세 번째는 확실히 무용에 특화되었다는 것이다.

네발기기 자세 4-Point Kneeling

1. 라이저를 마주보고 어깨 패드 근처에 무릎을 꿇는다.
2. 어깨 바로 아래에 손으로 테이블 위 위치에서 리포머의 프레임을 잡는다.
3. 복부 위치를 잡고 척추 중립을 유지하면서 숨을 내쉴 때 양쪽 엉덩이를 구부린다. 약간의 외부 회전도 사용할 수 있다.
4. 좀 더 심화된 동작을 하려면, 한쪽 다리를 평행하게 뻗어 주거나 외회전으로 뻗어서 엉덩이 중립 자세를 유지하는 것이다.

(두 다리로 하는 경우, 한쪽은 빨강, 다른 쪽은 파란색 스프링을 사용한다. 한 다리로 하는 경우, 빨간색 스프링을 사용한다.

올바른 네발 기기자세를 취한다.

엉덩이를 접을 때 요추 위치를 유지한다. 팔의 도움에 의존하지 않는다.

어큐뮬레이터 Accumulator

1. 캐리지에 바로 누워서 두 엉덩이를 구부리고 무릎은 몸통쪽으로 이완시켜 준다.
2. 2번 자세에서 팔로 양쪽 핸들을 잡는다.
3. 숨을 내쉬면서 두 팔을 엉덩이쪽으로 당기고 복부를 굽히면서 두 다리를 동시에 앞으로 뻗는다.
4. 숨을 들이쉬면서 처음 자세로 돌아간다.
5. 위의 동작을 반복한다. 단, 2번 자세에서 엉덩이까지 팔 동작을 다시 반복하면서 몸통을 올리고 다리를 펴준다.
6. 각각의 반복에 대해 팔의 움직임이 증가할 수 있다.

전체적으로 형태를 유지하고 견갑골 작용과 복부 기능 사이의 연결에 집중하여 몸의 뒤쪽을 앞쪽에 연결한다. 한 번은 빨강 한 번을 파랑 스프링 사용을 권장한다.

팔을 2번 자세로 할 때, 스프링에서 약간의 긴장을 느껴야 한다.

요추를 움직이지 않으면서 다리를 최대한 낮게 유지한다.

한 다리 바뜨망에서 5번으로

Single-Leg Battement to Fifth

1. 리포머에서 바르게 누운 자세로 시작하고 한 다리는 스트랩에 올려둔다.
2. 다리를 바깥쪽으로 회전시켜 엉덩이까지 90° 확장한다. 다른 다리는 긴 자세로 45° 정도 유지해야 한다.
3. 숨을 내쉬면서, 스트랩에 있는 다리를 풋바쪽으로 당기면서 다른 다리를 편다. 5번 자세에 가까워야 한다.
4. 숨을 들이쉬면서 시작 자세로 돌아가고 8회 반복한다.

90°에서는 스트랩에서 가벼운 저항을 느껴야 한다.

두 다리가 5번 자세를 향하도록 엉덩이에서부터 길게 뻗어준다.

바뜨망 Battement

1. 한쪽 발이나 발목을 스트랩에 넣고 캐리지에 바로 눕고 외회전으로 90°가 되도록 확장한다.
2. 다른 다리도 고관절 굴곡으로 90° 확장되지만 자유롭다.
3. 아래쪽 둔부 근육에서 시작하여 발 레일 쪽으로 힘을 주며 옆으로 내린다. 이 다리가 처음 위치로 돌아갈 때, 다른 다리는 발 레일 쪽으로 바뜨망 한다. 양다리는 회전하지 않고 골반을 수평으로 유지하면서 운동 범위의 중간을 통과해야 한다.

골반 안정성에 초점을 맞추기 위해 이 운동을 상당히 천천히 시작한 다음 역동적이고 더 도전적으로 동작의 속도를 높이는 것이 유용하다. 다른 발을 스트랩에 끼우고 동작을 반복한다. 엉덩이의 수평을 유지하는 데 집중하고 움직이지 않도록 한다. 움직임 범위 끝에 도달하면 다시 돌아온다. 스프링은 초록색 하나를 권장한다.

둔근과 햄스트링에서도 운동을 느낄 수 있지만, 이는 특히 템포를 증가시킬 때 코어 작업으로 매우 좋다.

쉬고 있는 다리가 당신 쪽으로 바뜨망을 시작할 수 있도록 위치를 유지한다.

두 다리에 주어지는 하중이 다르고, 이는 매우 도전적인 동작이다.

알아두기

이 네 가지 리포머 운동 중 자신이 무용을 하면서 이와 비슷한 동작을 하는지 시각화를 시도해 보자. 네 발기기 자세에서 아다지오 작업을 시각화 하고 골반 아래 깊은 곳에서부터 조절해 보자. 어큐뮬레이터는 파트너링이나 그랑 알레그로에서 요구하는 것과 더 관련이 있다. 좀 더 역동적인 다리 동작을 사용하는 바뜨망은 카브리올 같은 점프와 관련이 있다.

등 위쪽 움직이기

BRINGING THE UPPER BACK IN

복부 운동을 하는 동시에 등 위쪽의 이동성을 강조하는 것은 코어 조절 작업에 들어가는 또 다른 중요한 영역이다. 척추 교정기나 필라테스 아크는 이 작업에 아주 적합하다.

구부리기 Curls

1. 척추교정 배럴이나 필라테스 아크 위로 등을 대고 눕는다. 양손으로 머리를 지지하고 머리뼈 아래쪽을 살짝 잡는다.
2. 숨을 내쉬면서 등 위쪽을 부드럽게 앞으로 구부리고, 가슴 뼈를 부드럽게 하고 견갑골의 아래쪽 경계는 배럴에 둔다. 좌골이 발뒤꿈치 쪽으로 내려가는 것이 느껴진다.
3. 숨을 들이쉬면서, 가슴과 어깨를 펴서 천장을 향하고 처음 위치로 돌아온다.

배럴 계단 가장자리 가까이에서 좌골로 이 동작을 시도해 볼 수도 있다. 요추는 배럴에서 지지되지 않으며 전체적으로 중립을 유지해야 한다.

너무 많이 들어 올리려는 유혹에 저항하여 동작을 작게 유지한다.

팔꿈치는 약간 앞으로 오게 한다. 두 손으로 머리를 받쳐준다.

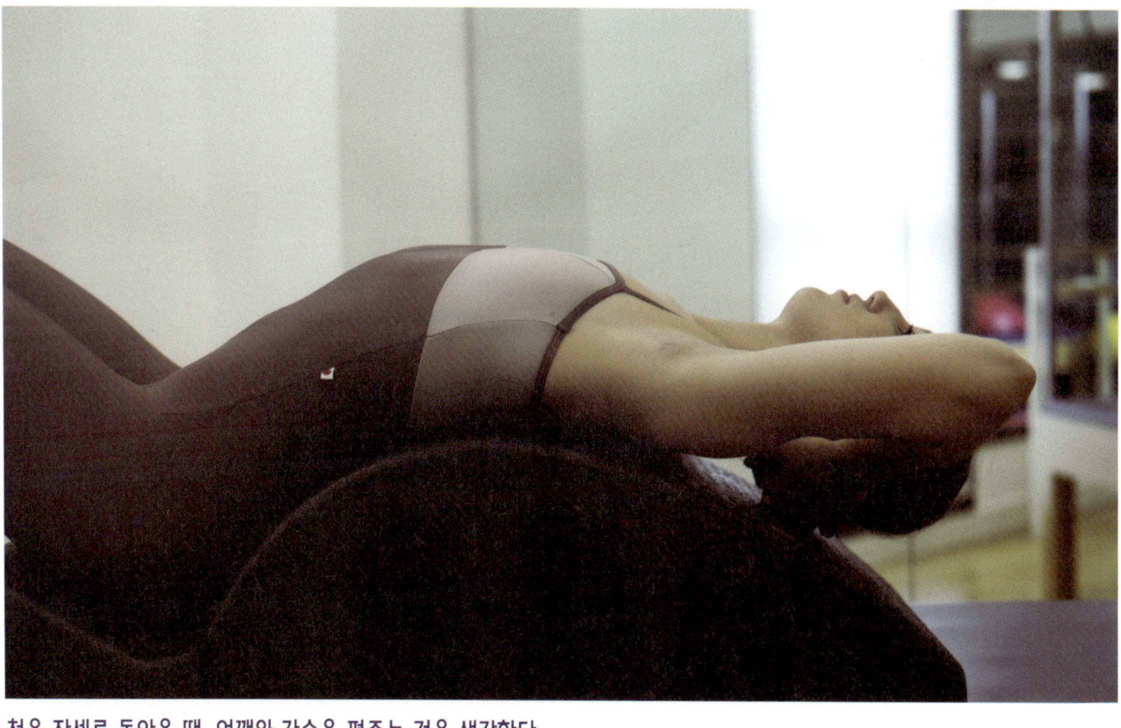

처음 자세로 돌아올 때, 어깨와 가슴을 펴주는 것을 생각한다.

정수리부터 미골까지 척추의 전체 길이를 느껴본다.

전에 했듯이, 머리 무게를 지지하기 위해 두 손을 사용하고 발꿈치를 들어 올려서 복부로부터 다리의 무게를 지탱한다.

발가락 탭 Toe Taps

1. 이전 운동과 동일한 자세에서 시작한다.
2. 좌골을 발뒤꿈치 쪽으로 늘려주면서 머리를 지지한 상태로 중립 자세를 유지한다.
3. 한쪽 무릎을 몸통쪽으로 올려주고 발가락 끝으로 바닥을 눌러주면서 다리를 바꿔준다.
4. 척추 위치가 바르게 유지되지 않는다면, 다리로 앙레르 자세를 유지하면서 더 작은 범위로 움직여 준다. 병렬 또는 외회전으로도 수행할 수 있다.

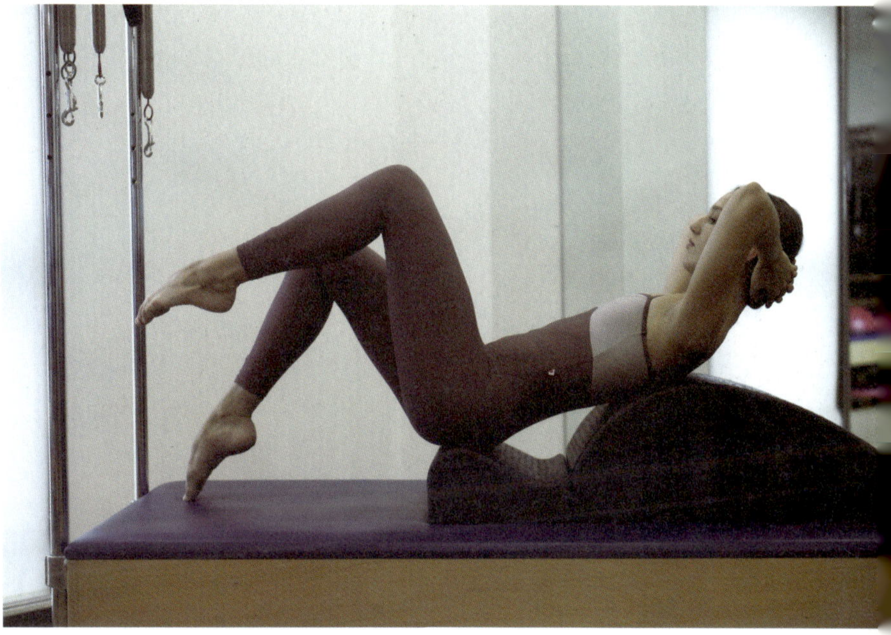

발 끝을 들어 올려 다리를 몸통 쪽으로 올려준다.

대안 자세, 한 다리를 들어 올리고 다른 다리는 발가락이 바닥에 닿도록 내려준다.

척추 교정기나 필라테스 아크가 없다면, 골반 밑에 폼롤러를 두고 상체는 매트에 붙인 후 발가락 탭을 시도해 본다. 이렇게 하면 하복부 쪽으로 운동의 강조점이 바뀌지만, 여전히 유용한 방법이다.

롤백 Rollbacks

1. 골반을 한 칸 움직여 배릴의 움푹 패인 곳에 앉는다.
2. 두 무릎을 굽혀서 허리를 세워 앉고 발바닥은 바닥에 붙인다.
3. 배럴 위로 허리를 굴려 척추를 둥글게 해 준다. 척추뼈 하나 하나를 굴려준다고 생각한다.
4. 배럴에서 척추를 천천히 들어 올려 허리를 곧게 편 자세로 돌아온다.

이 운동을 각 방향에서 수행할 때 숨을 내쉰다. 초기에는 손으로 머리를 받쳐주어 척추 관절에 중점을 두고 복부로부터 지지한다. 5번과 2번을 통해 하는 전체 폴드브라와 앙디올도 이 운동에서 사용할 수 있다.

좌골 위로 몸을 곧게 하여 앉는다.

복부로 지지하면서
필라테스 아크 위로 롤백한다.

롤백에서 돌아오면서 2번을 통해
팔을 벌려준다.

위 척추를 굴려주면서
팔은 5번으로 이동한다.

곧게 앉은 자세로 돌아온다.

롤백과 원형 폴드브라

Rollbacks and Circular Port de Bras

1. 척추 교정기나 필라테스아크를 캐딜락 위에 놓고 꼭대기 끝을 향하게 한다.
2. 트랩바는 사용된 배럴과 개인의 엉덩이 위치에 따라 중간 또는 낮게 설치되어야 한다. 스프링은 필요 없다.
3. 롤백(위 참조)은 두 발목이 트랩 바에 놓인 상태에서 수행할 수 있다. 이는 또한 비스듬한 복부와 척추 회전근을 포함하는 데 도움이 되는 원형 폴드브라로 수행할 수도 있다.
4. 머리를 손으로 지지한 상태에서 이 자세가 편하다면, 4번을 통해 폴드브라로 진행하여 처음의 곧바로 앉은 자세로 다시 돌아온다.

다리를 벌리면서 엉덩이가 길어지는 느낌이 나는지 살펴본다. 캐딜락이 없다면, 발목 아래 폼롤러를 두고 유사하게 해볼 수 있다.

팔을 1번 자세로 하고 허리를 세워 앉는다.

롤백하면서 회전을 시작한다.

5번을 하면서 다리를 펴 준다.

원형으로 만들기, 롤업, 다른 쪽으로 회전을 수행하기 전 몸 전체를 길게 늘려준다.

교차 연결 닿기 The Cross Connection Reach

이 운동은 골반의 비대칭을 알 수 있게 해 주고 요추 부위의 자세를 개선한다.

1. 한쪽 다리를 앞으로 펴고 다른 쪽 다리는 굽혀 곧게 앉는다. 처음에는 양팔을 어긋나게 가슴에 올려준다. 좌골이 잘 유지되는지 확인한다.
2. 숨을 내쉬면서 굽힌 다리를 펴 주고 발꿈치로 늘려준다.
3. 다리를 바꿔준다. 몸통은 곧게 펴고 중립을 유지한다.
4. 반복한다. 단, 다음 반복 시에는 반대쪽 팔을 다리까지 뻗은 후 천장으로 올려준다.

요추 부위의 길이를 좌골에서 동일하게 유지하려면, 반대쪽 다리를 펼 때 캄브레로 숨을 내쉬면서 다시 손을 뻗어 좀 더 난이도 있는 동작을 해 볼 수 있다.

정수리가 천장을 향하도록 곧게 앉는다.

두 다리를 굽혔다 폈다 하면서 시작한다.

굽힌 다리와 반대쪽 팔을 곧게 올려준다.

캄브레를 더해준다.

알아두기

허리 위쪽을 펴서 움직이는 코어 운동을 할 때 비스듬해진 복부가 지지하는 손처럼 느껴지도록 한다. 흉곽 주변의 근육이 자신의 정중선을 감싸고 있는 것을 느껴보자. 캄브레에서 돌아올 때마다, 코어에서부터 시작하도록 한다. 등뼈 하나 하나 쌓아 올리며 척추 관절 사이의 연결은 움직임을 유지할 때 필수이다. 척추를 다시 제자리로 돌아오게 할 때는 척추에 벨크로가 부착되어 있다고 상상하면 도움이 될 것이다.

코어 조절의 중요성
THE IMPORTANCE OF CORE CONTROL

고전적 발레 기술에서 골반 조절은 확실히 중요하다. 현대 무용을 하는 이들에게도 동일하게 중요한데 이는 바닥에서 하는 동작과 파트너링/연결 동작을 강화하기 위해서는 골반 안정성의 지원을 받아야 하기 때문이다.

이 조절은 모든 형태의 무용에 필수적인데 엉덩이와 요추에 요구되는 과도한 동작 범위는 둘 다 안쪽 사슬(anterior chain)의 지지가 필요하기 때문이다. 코어의 힘과 조절이 충분하지 않으면 척추가 손상될 위험이 증가할 것이다. 코어 균형의 개선은 부상을 예방하는데 도움이 된다.

특히, 코어 조절은 아름다운 아다지오를 해야 하는 고전 무용에 가장 필수적이다. 다소 반복적이고 기본적인 복부운동에 할애하여 감각적인 선과 보기에 힘들어 보이지 않는 무대를 만들어 낼 수 있다.

미학적으로 동적 안정성을 통해 움직임의 유동성을 달성하면 다른 무용수와 차별화된 동작을 보여줄 수 있다. 항상 최고의 수준이 요구되는 경쟁 사회 속에서, 특별한 동작의 질적 차이는 무용수의 내부 수준이 균형을 이루고 반응할 때만 얻을 수 있다.

강한 코어는 아름다운 아라베스크를 포함하여 모든 움직임을 지지한다.

제3장

발레 기술의 기반: 턴아웃
THE FOUNDATION OF TECHNIQUE: TURNOUT

턴아웃은 발레에서 고전 기술의 기본 요구 사항이며 많은 현대 스타일에서도 널리 사용된다.

엉덩이에서 외부 회전을 올바르게 사용하면 무용수가 더 범위가 넓은 동작을 달성하고 좋은 라인을 유지할 수 있게 된다. 회전에 제약이 있는 사람들은 앙디올을 하려고 할 때 종종 통증에 시달리거나 부상을 당한다. 인내를 가지고 개인의 최대 외부 회전을 달성하고 유지하기 위해 범위 내에서 올바르게 강화하면 좋은 결과를 얻게 된다.

이 장에서 소개하는 운동들은 그리 어렵지 않게 보일 수 있지만, 시간이 지남에 따라 더 오랫동안 효과적으로 둔부를 건강하게 유지하게 해 준다. 이 장에서 외회전 조절에 대한 내용을 다루고 있지만, 이 운동들은 엉덩이의 안정성에도 기여하여 턴아웃과 관련한 문제가 없더라도 여전히 유용하다.

또한 다리 아래의 기술적 문제(예: 불량한 무릎 정렬 또는 발목 조절 부족)는 엉덩이의 근위부 안정성이 불량하기 때문에 나타나는 증상일 수 있다는 점도 주목할 가치가 있다. 이러한 운동을 통해 다른 부분에서의 문제를 해결할 수도 있다.

많은 학생들이 외회전을 최대화하려고 노력한다. 이는 종종 부상을 초래하므로 자신의 신체적 범위 내에서 작업하는 것이 중요하다. 턴아웃을 위한 모든 관련 근육을 강화했다면 조금 더 회전을 해보면서 안전하게 수행해야 한다.

여기에 나오는 운동은 처음 몇 도의 외부 회전을 시작하는 근육에 매우 특정한 작은 범위의 움직임에서부터 균형, 정렬 및 운동 조절에 도전하는 완전한 체중 부하 작업에 이르기까지 여러 운동을 망라한다.

눕거나 무릎을 꿇는 운동
LYING AND KNEELING EXERCISES

클램 Clams

클램은 일반적으로 둔부 근육을 강화하는 운동이지만 제대로 수행되지 않을 때가 많다. 제대로 하지 않으면 TFL과 ITB(엉덩이와 다리 바깥 측면 부분)의 과로만 초래할 뿐이다. 이 부분이 피로하거나 과도하게 긴장되면 무릎 추적 문제(knee tracking issues) 같은 결과를 초래한다.

기본적인 클램 동작을 위해서는, 두 다리를 모두 살짝 굽히고 발뒤꿈치와 척추가 같은 선상에 위치하도록 옆으로 눕는다. 이렇게 되면 엉덩이가 약간 둥글게 되고 무릎은 몸 앞에 위치하게 된다. 처음에는 이런 자세로 해 본다.

하지만 나는 허벅지가 골반선에 위치하고 다리가 몸선의 약간 뒤쪽에 있어 엉덩이 중립을 이루는 동작으로 해볼 것을 권한다. 무릎의 굽힌 정도를 판단하기 위해 상당히 긴 자세를 취해야 한다. 요추 안정성을 위해 복부도 함께해야 한다.

1. 이 두 가지 버전 모두, 좌골 바로 바깥쪽에 있는 둔근을 활성화하면서 시작한다. 햄스트링은 최대한 이완시켜준다.
2. 움직이는 다리 뒤꿈치를 지지하는 뒤꿈치 옆에 약간의 압력을 가하면 활성화를 증가시키는데 도움이 된다. 외회전 초기에는 무릎이 2번 자세로 열리게 된다.
3. 허벅지 뒤쪽의 이완을 조절하면서 처음 자세로 돌아간다. 8–10회 반복한다.

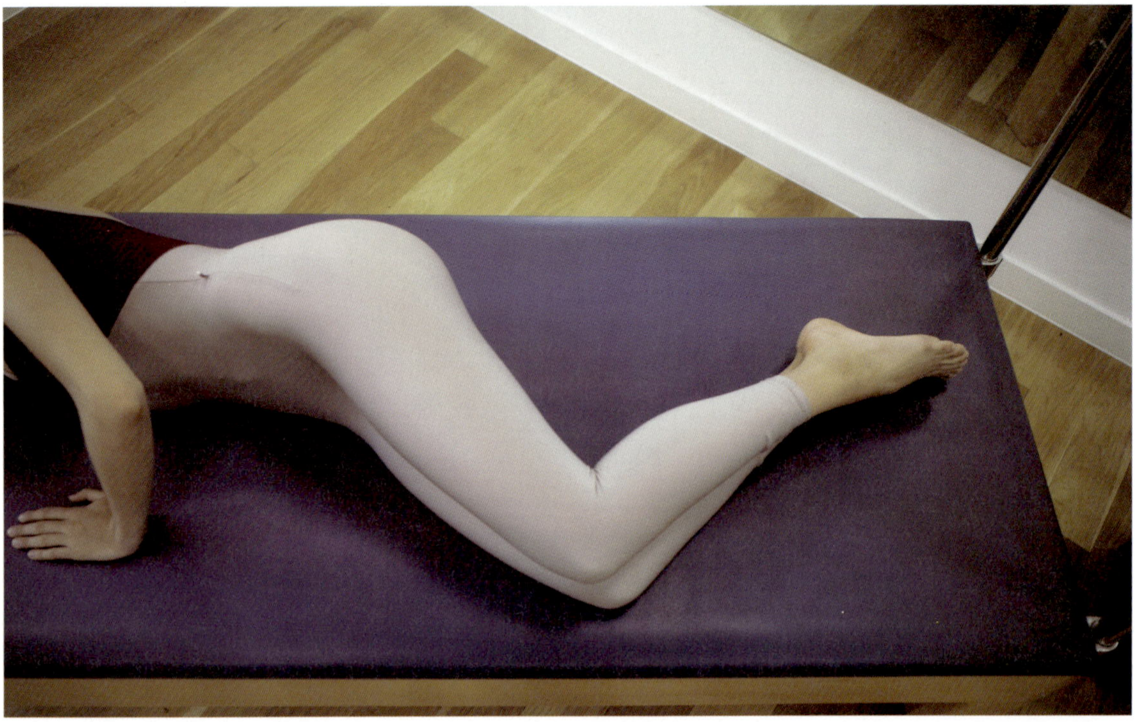

엉덩이와 무릎을 약간 굽히고 발뒤꿈치는 골반과 같은 선에 위치한 클램의 표준 자세.

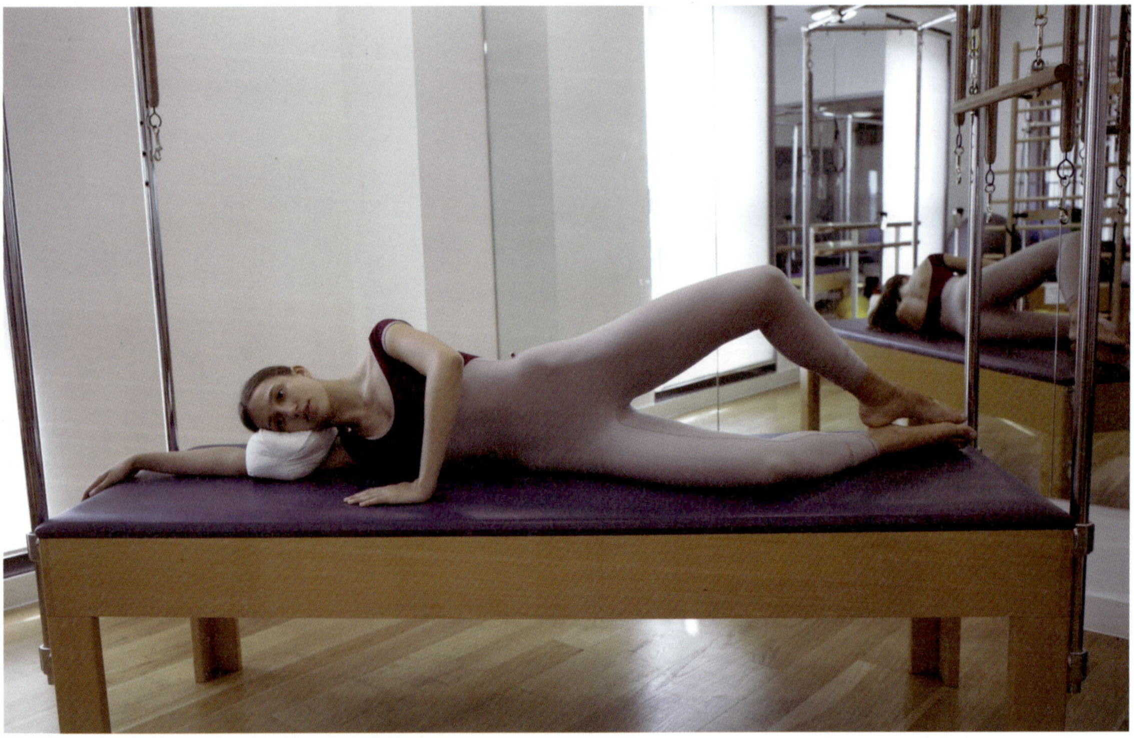

TK.

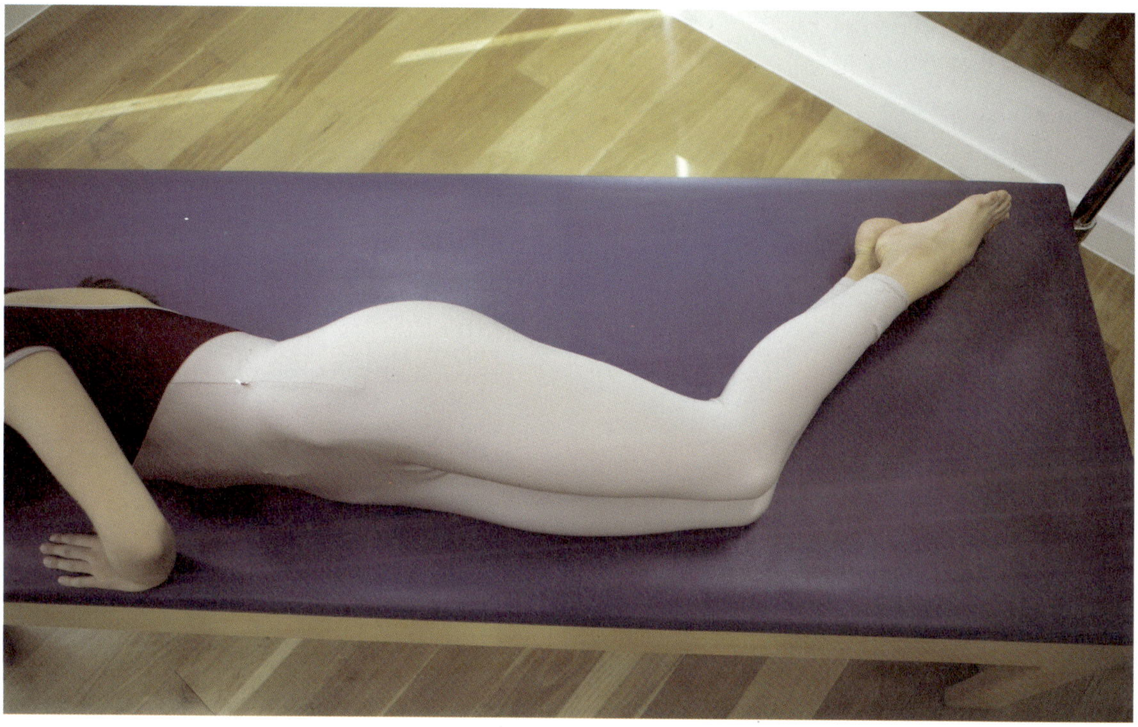

내가 제안하는 버전, 엉덩이 중립 자세.

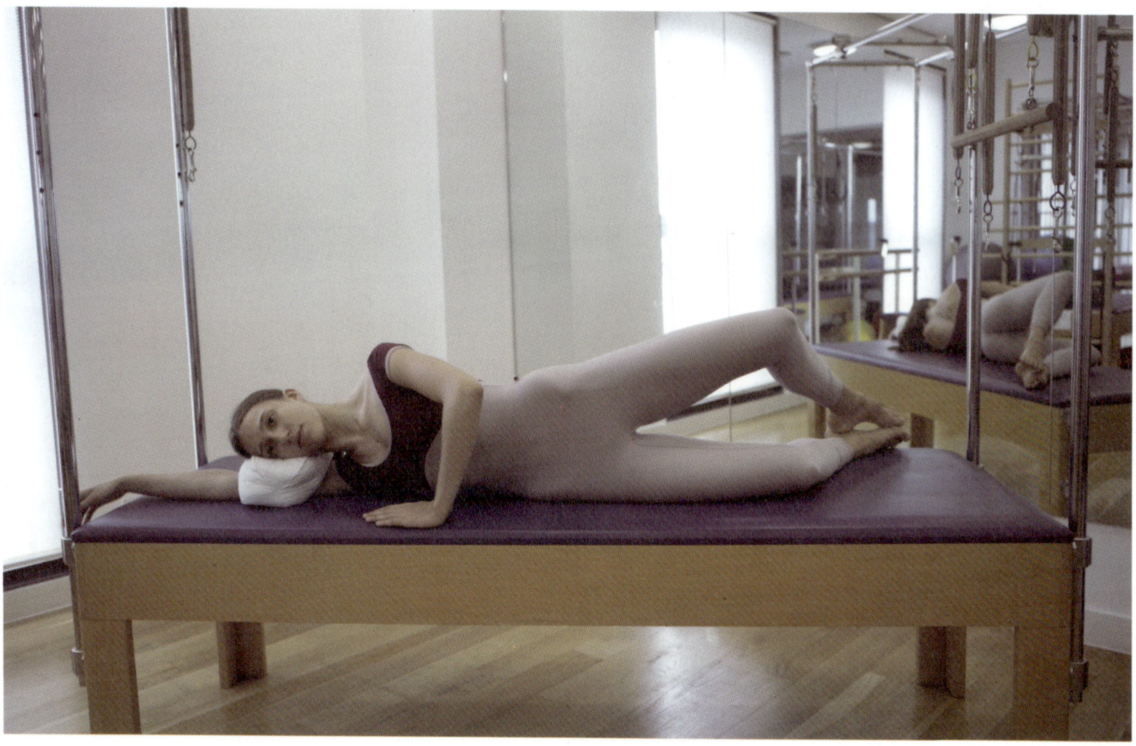

외회전을 과도하게 하지 않도록 한다.

수직(무릎) 둔부 활성화
Upright Gluteal Activation

이 운동에도 여러 자세가 있지만, 나는 엉덩이 중립을 선호한다.

1. 한쪽 발목 측면에서 가벼운 저항 밴드를 묶은 상태에서 똑바로 무릎을 꿇은 자세로 시작한다.
2. 좌골 근처에 집중하면서 약간의 각도로 외회전을 하고 조절하면서 이완해준다.
3. 8-10회 반복한다.

알아두기

작고 깊은 회전을 하는 이 두 운동을 할 때, 조명이 부드럽게 켜졌다가 꺼지는 모습을 상상하면서 해본다.

브릿징 Bridging

이 운동도 여러 유사한 운동이 있지만 효과를 얻으려면 제대로 된 동작으로 수행해야 한다. 이 운동은 엉덩이 안정성 운동으로 거의 모든 이들에게 적합하다. 기본 안정성이 부족하다면 올바른 턴아웃으로 좀 더 도전적으로 해 볼 수 있다.

1. 두 다리를 굽히고 발은 엉덩이와 같은 선에 두고 바로 눕는다.
2. 숨을 내쉬면서, 매트에서 엉덩이를 들어 올려 무게가 어깨쪽으로 가게 한다.
3. 무릎부터 어깨띠까지 부드러운 경사를 이루도록 한다.
4. 소프트볼이 있다면 무릎 사이에 두어 정렬을 바르게 유지하고, 골반저와 더 나은 연결을 하는 데 도움을 받을 수 있다.

밴드에서 약간의 긴장만 사용하여 둔근이 동작을 준비할 수 있도록 한다.

기본 브릿지.

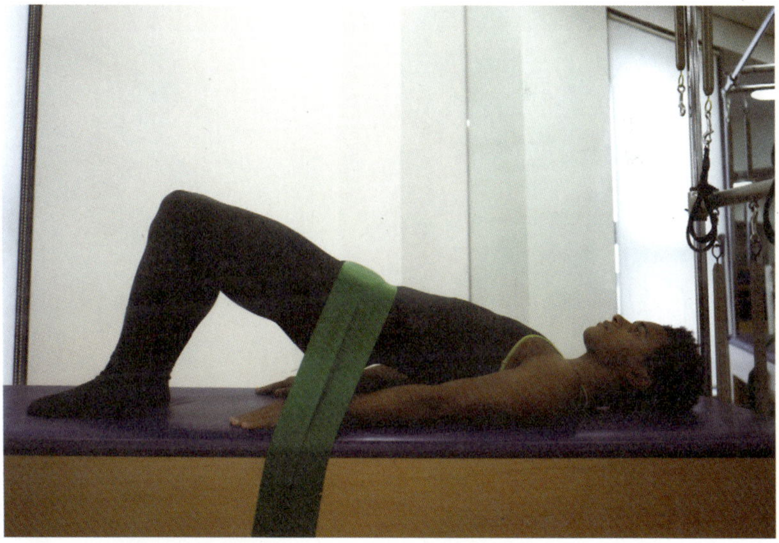

저항을 위해 세라밴드 사용하기.

이를 벤치에서 할 수 있다면 엉덩이 위로 저항 밴드를 묶어서 효과를 높이고 둔부 근육에 더 집중할 수 있다.

대칭 확인을 위해서 단일 브릿지를 해볼 수 있다.

1. 엉덩이를 들어 올리고 무게가 어깨띠 쪽으로 가게 한다.
2. 어깨부터 엉덩이, 무릎까지 완만한 경사를 이루게 한다.
3. 요추 회전을 방지하기 위해 복부가 약간 활성화되어 있는지 확인한다.
4. 한쪽 무릎을 펴고 허벅지 수평을 유지하면서 다리를 멀리 뻗는다.
5. 한 다리 브릿지를 좀 더 어렵게 하고 싶다면 엉덩이를 매트 쪽으로 반쯤 내린 다음 다시 올린다. 8회 반복한다.

무릎의 과신전을 조절하려면 폼 롤러에 두 발로 다리를 묶어 보자. 무릎을 굽혔다 펴면서 골반 브릿지를 유지한다. 이 버전을 수행할 때, 햄스트링에 더 많은 작업이 일어나고 있음을 느낄 수 있을 것이다.

한 다리 브릿지로 엉덩이 안정성을 확인한다.

폼롤러와 소프트 볼로 브릿지를 한다.

브릿지는 저항을 더해 리포머에서도 할 수 있다. 머리 받침을 편평하게 놓고 여성은 빨간 줄 2개, 남성은 빨간 줄 2개와 파란 줄 1개를 사용한다.

약간의 엉덩이 외회전을 하면서도 수행할 수 있다. 첫 번째 자세에서 양 발꿈치를 풋바에 놓고 엉덩이를 들어 브릿지 자세를 한다. 평행 버전과 마찬가지로 무릎을 완전히 펴는 것보다 골반 위치를 유지하는 것이 더 중요하다.

두 발꿈치를 바에 올리고 골반을 들어 올린다. 캐리지는 움직이지 않는다.

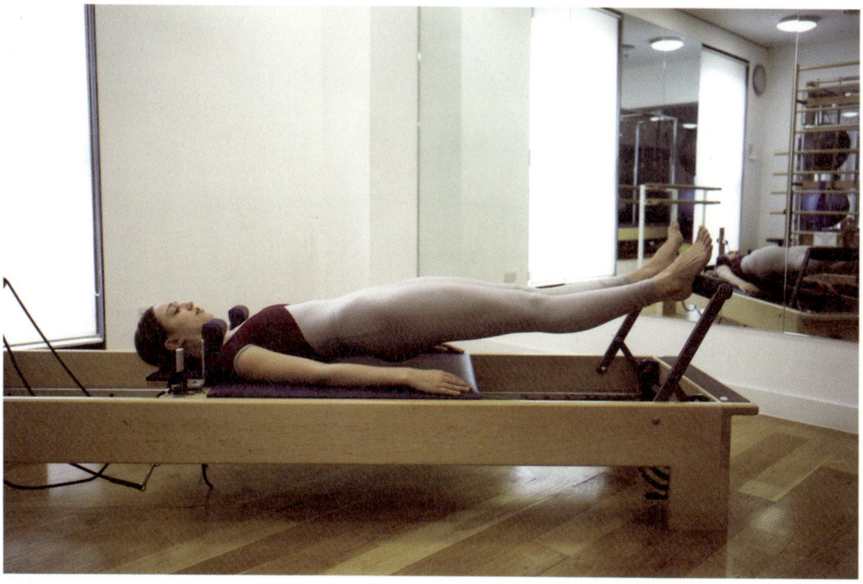

다리를 스트레칭하면서 골반 위치를 유지하도록 한다.

서스펜디드 브릿징 Suspended Bridging

브릿지를 조금 더 심화하려면 서스펜션 시스템을 이용해 효과를 극대화하고 발레에 특화되도록 할 수 있다.

1. 선 자세에서 슬링을 무릎 높이 정도로 설정한 다음 슬링에 한쪽 무릎을 지지하고 눕는다. 다른 다리는 구부리고 발은 바닥에 둔다.
2. 골반을 들어 올리고 슬링에 있는 다리를 편다. 골반 수평을 유지하면서 다른 다리를 펴주고 양다리를 바깥쪽으로 돌려서 1번 자세를 취한다.
3. 골반 안정성을 유지하면서 땅뒤 데리에(tendue derrière)에 이어서 땅뒤 드방(tendue devant)을 시도한다.
4. 병렬 자세로 돌아와서 쉬고 있는 다리를 바닥 뒤쪽으로 보내고 척추를 굴려서 처음 자세로 돌아간다.
5. 3–4회 반복한 후 다리를 바꿔서 다른 무릎을 슬링에 둔다.

알아두기

모든 브릿지 운동에서 장골능선이 천장에 매달려 있고 항상 떠 있는 상태라고 상상해 보자. 햄스트링이 이동하지 않도록 엉덩이를 아래쪽 둔부에서 위로 올린다. 자신의 자세를 공간에서 시각화해 본다.

이 자세에서 슬링에 걸려 있는 다리의 엉덩이가 이완된 느낌인지 확인한다.

엉덩이를 들어 올리고 지지하는 다리를 펼 때, 엉덩이의 균형에 집중한다.

두 다리를 모두 펴고 엉덩이에서 바깥쪽으로 돌린다.

요추 위치가 잘 유지되는 한, '턱 언더(tuck-under)' 없이 다리를 상당히 높이 올릴 수 있다.

땅뒤 드리에를 수행할 때 움직임은 작게 하고 허리에 가해지는 변경 없이 엉덩이 신장이 되는지 확인한다.

자이언트 클램 Giant Clams

자이언트 클램은 발레에 더 가까운 클램 동작으로 플로어바(floor barre)에 유용한 추가 기능이다.

1. 아래 다리는 펴주고 위 다리는 엉덩이와 90°를 이루도록 하여 옆으로 눕는다.
2. 엉덩이 앞의 매트 위에 무릎을 얹고 편 무릎 옆으로 움직이는 다리의 발을 놓는다. 이런 자세로 허벅지 바깥쪽을 스트레칭 할 수 있다.
3. 엉덩이를 일직선으로 곧바로 유지할 수 없는 경우, 수건이나 다리 워머를 움직이는 다리 아래 두어 자세를 지지하도록 한다.
4. 깊고 낮은 둔부 근육을 사용하여 강한 동작으로 다리를 파세(passé) 위치로 당긴 다음 부드러운 속도로 천천히 시작 위치로 놓는다. 이 파세 동작을 10회 반복한다.

이렇게 한 후 90°로 굽힌 다리를 펴준다. 다른 다리를 5번 자세 하듯이 낮춰주고 2번에서 그랑 바트망 자세를 2회 한다.

반복되는 클램과 다리 뒤쪽을 완전히 조합하면 바뜨망 자세를 잘 잡을 수 있게 되고 엉덩이에 공간과 편안함이 느껴진다.

알아두기

자이언트 클램에서 파쎄를 위한 강한 동적 동작과 시작 위치로 돌아가는 범위를 통해 천천히 부드럽게 수행하는 조절 사이의 대조를 느껴보자.

한 다리를 다른 다리 위에 올리고 시작한다.

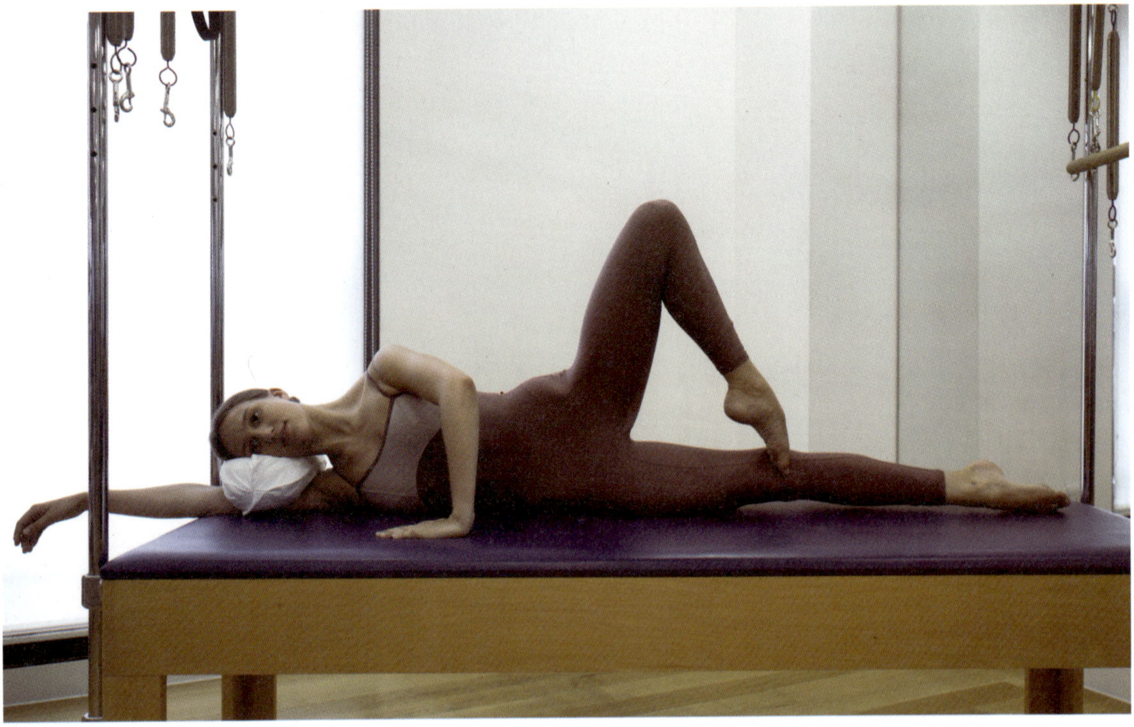

파쎄 자세.

바뜨망의 자유를 즐겨보자.

내전근 들기

Adductor Float

허벅지 근육 안쪽 내전근은 외회전 수행과 장기적인 둔부 건강에 매우 중요하다. 옆으로 눕는 운동들은 특별한 장비 없이 이 영역을 강화해준다.

움직이는 엉덩이의 중립 자세를 유지하면서 몸이 잘 정렬되도록 한다.

1. 옆으로 누워서 위쪽 다리는 굽히고 무릎 아래에 베개나 패드를 둔다.
2. 병렬 정렬을 유지하면서 다리를 매트에서 1cm 떨어뜨리고 이 자세를 30초간 유지한다.

이 자세를 3회 반복한다.

다리는 바닥에서 아주 약간만 떨어져 있어야 한다.

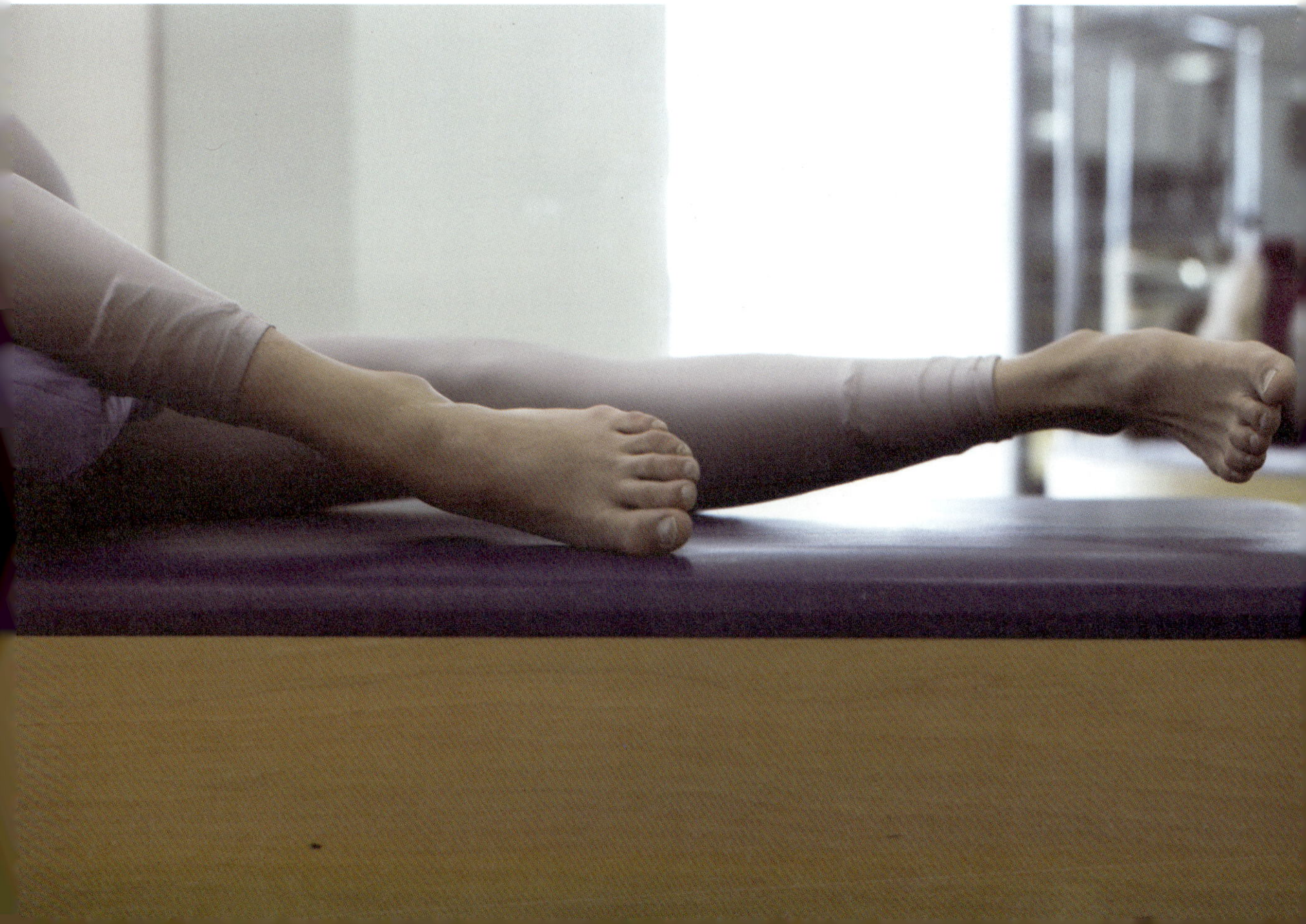

한 다리 차기 Single-Leg Kick

나는 무용수들과는 특정한 햄스트링 운동을 많이 하지 않는다. 대신, 나는 그들이 더 집중해야 한다고 느끼는 특정 둔근 운동에 더 많은 시간을 할애하라고 권한다. 물론 예외는 있다. 무릎 과신전 또는 측만인 경우에는 조절이 필요하다. 이 고전적인 필라테스 운동은 내가 자주 하는 운동이다.

1. 엎드려서 손으로 머리를 받치고 눕는다. 다리는 정렬하여 평행하게 뻗는다. 하복부로 몸을 지지해야 함을 기억한다.
2. 둔근 아래 근육과 햄스트링 상단에서 시작하는 데 주의를 기울이고 부드럽게 발을 뾰족하게 하여 한쪽 무릎을 구부린다.
3. 발뒤꿈치를 좌골쪽으로 끌어온다. 이것은 햄스트링 컬이다.
4. 수축을 풀어 발을 매트 쪽으로 내리기 시작한다.
5. 발이 무릎 관절 위로 지나가면 발등을 굽히고 뒤꿈치를 다시 엉덩이 쪽으로 당긴다.
6. 발이 무릎 관절 위로 지날 때 이완해 주고 부드럽게 발을 다시 뾰족하게 하여 천천히 내려주고 시작 위치로 간다.
7. 다른 쪽 발과 발목 운동도 수행해 볼 수 있다.
8. 다른 다리로도 이 운동을 하고 각 다리에 대해 4–8회 반복한다.

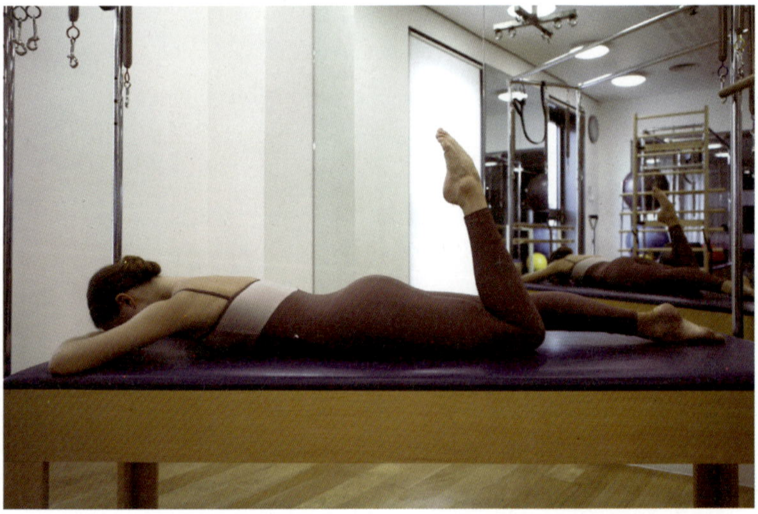

발끝을 부드럽게 뾰족하게 하여 햄스트링 컬로 시작하고 발이 좌골 쪽으로 이동하는 것을 생각한다.

다시 컬을 하면서 발목을 굽혀준다.

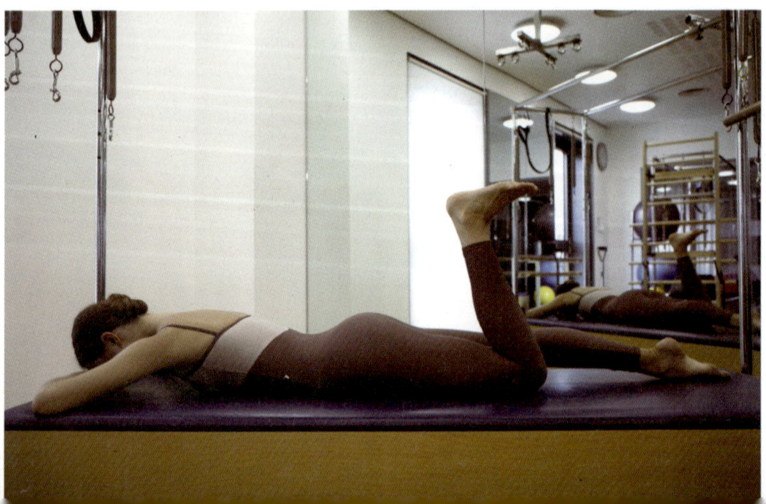

아라베스크에 필요한 근육 패턴과 더 연관시키기 위해 척추를 약간 펴서 반복할 수 있다. 이 경우 스핑크스 같은 자세로 팔꿈치로 몸을 지지한다.

햄스트링을 더 많이 사용하려면 발목에 세라밴드로 작은 고리를 만들어 사용할 수 있다.

스핑크스 자세.

이전과 같이 햄스트링 컬을 수행한다.

다시 등쪽 굽힘을 사용한다.

옆으로 눕는 외전 Side-Lying Abduction

1. 옆으로 누워서 아래쪽 다리는 굽히고 위쪽 다리는 곧게 펴준다.
2. 골반에서 다리를 길게 하는 느낌으로 다리를 엉덩이 높이까지 올리고 다시 매트로 내린다.
3. 다리를 늘릴 목적으로 다시 들어 올리고 20회 반복한다.
4. 발을 엉덩이 높이에서 시작하여 다리 길이를 유지하며 조금 더 높이 들어 올린다.

아래 다리를 90° 굽혀서 안정적인 자세를 취할 수 있다.

다리를 늘려서 든다.

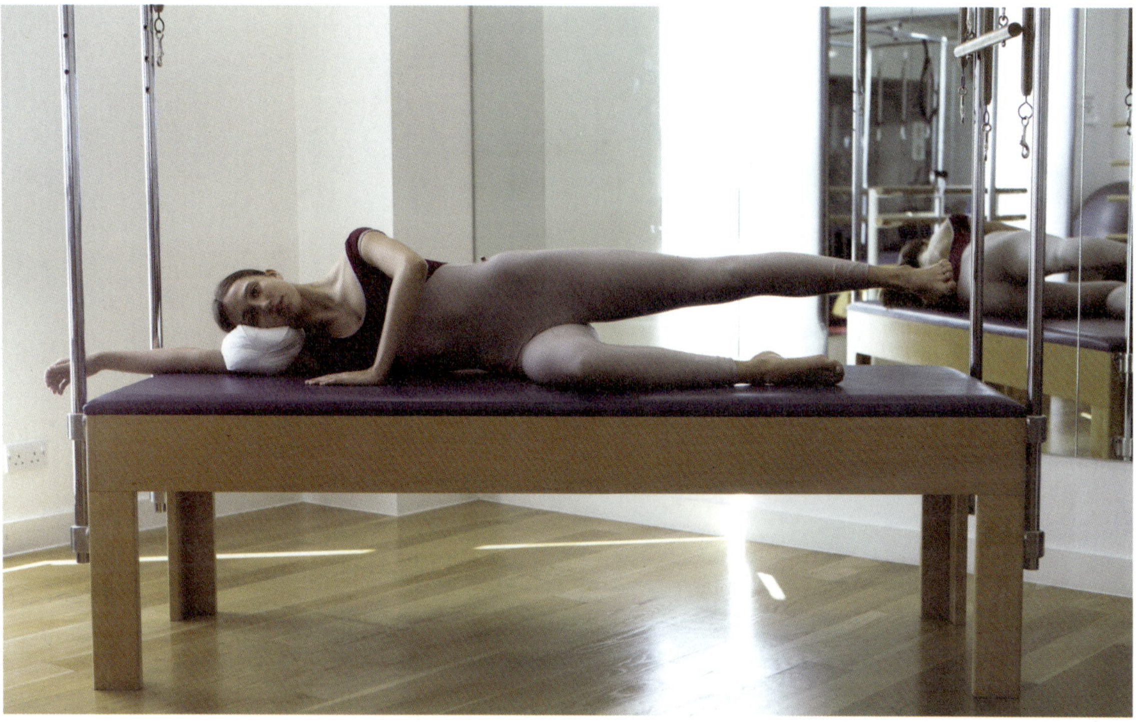

다음 버전은 다리를 엉덩이 높이에서 시작한다.

다리를 높이 들어 올릴수록 다리에 느껴지는 압력을 유지한다.

엉덩이를 약간 벌려주어 이 운동을 해 볼 수도 있다. 요추를 늘리지 않으면서 복부 조절을 유지하고 바깥쪽으로 약간 회전할 수 있다. 턴아웃을 유지하면서 다리를 다시 엉덩이 높이로 올려준다.
20회 반복한다.

무릎 꿇고 하는 애티튜드 Kneeling Attitude

이 운동의 첫 번째 버전은 엉덩이 확장 시 둔근을 강화하고 엉덩이 자세로 범위 끝까지 작업할 수 있다.

1. 무릎을 꿇고 상체를 낮춰주어 머리가 손 위에 올려지게 한 후 발꿈치로 지지한다.
2. 한 다리를 뒤로 길게 올리고 다리를 조금씩 들어 올리면서 더 높게 시도해 본다.

이 애티튜드 운동의 다음 버전은 허리 폄근에도 작용한다.

1. 짐볼에 몸통을 지지하고 무릎을 꿇는다. 엉덩이와 무릎은 90°로 한다.
2. 가능하면 양팔로 무언가 잡아서 지지하고 어깨뼈는 부드럽게 아래로 내린다.
3. 지지하고 있는 다리를 약간 바깥으로 돌리고 다른 다리를 들어 올려서 애티튜드 자세를 한다.
4. 지지하는 엉덩이 높이는 무릎 위로 유지하고 다리를 조금 더 높이 들어 올린다. 20회 반복한다.

머리에서 발끝까지 가늘고 긴 곡선을 생각하고 복부에서 지지하는 것을 잊지 않는다.

애티튜드를 오래 유지한다.

리포머에서 다이아몬드하기

Diamonds on the Reformer

1. 두 발을 모두 스트랩에 넣고 리포머 위에 바로 눕는다.
2. 두 다리를 바깥쪽으로 돌려 긴 애티튜드 자세를 하면서 다이아몬드 모양을 만든다.
3. 아래쪽 둔근에서 시작하여 요추 중립을 유지하면서 발을 발 레일 쪽으로 약간 아래로 당긴다.
4. 빨간색 스트링 2개로 10–20회 반복한다.

엉덩이에서 부터 동작을 시작할 때, '턱 언더(tuck under)'가 되지 않도록 한다.

다리를 아래로 내리면서, 골반 자세를 바르게 유지하려면 코어가 동작하고 있다고 느껴야 한다.

체중 부하 운동
WEIGHT-BEARING EXERCISES

밴드로 엉덩이 조절 지원하기
Supporting Hip Control with Band

당신의 프로그램에 체중 부하 운동을 다 넣는 것은 항상 중요하다. 특정 근육을 찾고 움직임 패턴을 개선하려면 누워서 하는 운동이나 앉아서 하는 운동이 매우 좋지만, 무용에서는 그런 동작이 많지 않다. 앙와위 운동에서 개발한 기술을 옮기려면 서서 할 수 있는 운동으로 전환해주어야 한다. 다음의 운동은 이전 목록에서 턴아웃 조절의 일부 요소를 결합하는데 유용하다.

1. 바 주위에 적당히 탄성이 있는 저항 밴드를 두르고 밴드 안으로 들어가 골반 주위에 밴드를 두른다.
2. 적당히 탄성이 느껴질 정도로 바에서 떨어져 선다.
3. 병렬 정렬로 서서 바깥쪽 발을 들어 올린다.
4. 몸을 지탱하고 있는 옆 둔근에 집중한다. 숨을 내쉬면서, 코어를 이용해 부드럽게 턴아웃한다. 이렇게 하면 몸통이 바에서 멀어진다.
5. 조심스럽게 처음 자세로 돌아온다. 이를 8-10회 반복한다.
6. 이 동작은 무릎을 약간 굽혀서 할 수도 있다 (퐁듀(fondue)).

안정적인 곳에 밴드를 두른다.

두 방향으로 힘을 느끼면서 머리를 위쪽으로 올리고 지지하는 다리는 뿌리를 내리듯이 아래로 내려준다. 완전한 외회전을 해야 한다는 생각은 하지 않는다.

7. 엉덩이가 움직임을 주도하게 하게 상체는 중앙에 오게 하여 마지막 자세에서 정렬이 잘 되도록 한다.

저마찰 디스크 Low-Friction Discs

저마찰 디스크는 일반적인 광경이 되었으며 관련 운동을 무용 기술과 연결지을 수 있기 때문에 무용수들에게 인기가 많다. 하지만, 잘못된 패턴이 고착화되지 않도록 주의를 기울이는 것이 필요하다. 이를 확인하는 가장 쉬운 방법은 디스크를 사용하는 동안 자신의 자세를 옆에서 관찰하는 것이다. 무게중심이 뒤로 가거나 골반이 기울어지는 등 자세에 상당한 변화가 있는 것으로 확인되면 중지하고 다시 평가해야 한다.

오른발 위치를 설정하기 위해, 발목이 디스크의 어느 정도 중앙에 있고 고관절이 바로 위에 있도록 척추 뼈를 중앙 근처에 두는 것을 목표로 한다. 이는 엉덩이 운동이므로 관절이 바른 위치에 있어야 한다.

엉덩이와 코어 조절 및 균형을 위한 운동 중 내가 제일 좋아하는 것은 아주 어렵다.

1. 지지하는 다리로는 수평 정렬로 한 장의 디스크 위에 선다. 다른 다리는 꾸드삐에(cou de pied) 자세를 취한다.
2. 양다리를 바깥쪽으로 회전하고 동작다리(gesture leg)를 벌려 다리 각도가 45°가 되게 한다.
3. 다리를 2번 자세로 옮기고 동시에 팔도 2번 자세로 한다.
4. 동작 다리로 부드러운 회전을 수행하여 돌아 지지 다리로 향하여 낮은 아라베스크 자세가 되게 한다.
5. 정면으로 돌아간다. 이렇게 하면서 발이 공간에 지지된다고 상상하며 엉덩이는 앙레르 다리로 한다.
6. 이를 성공적으로 수행했다면 쉬는 다리 쪽으로 계속 회전할 수 있다. 이것이 드방이지만 당신은 측면을 보고 있다. 결론적으로, 동작 다리를 2번으로 사용하여 앞쪽을 향한 움직임을 조절하고 다시 연결하여 긴장을 푼다.

드방으로 시작하고 동작 다리의 안쪽을 통해 연결을 느끼도록 한다.

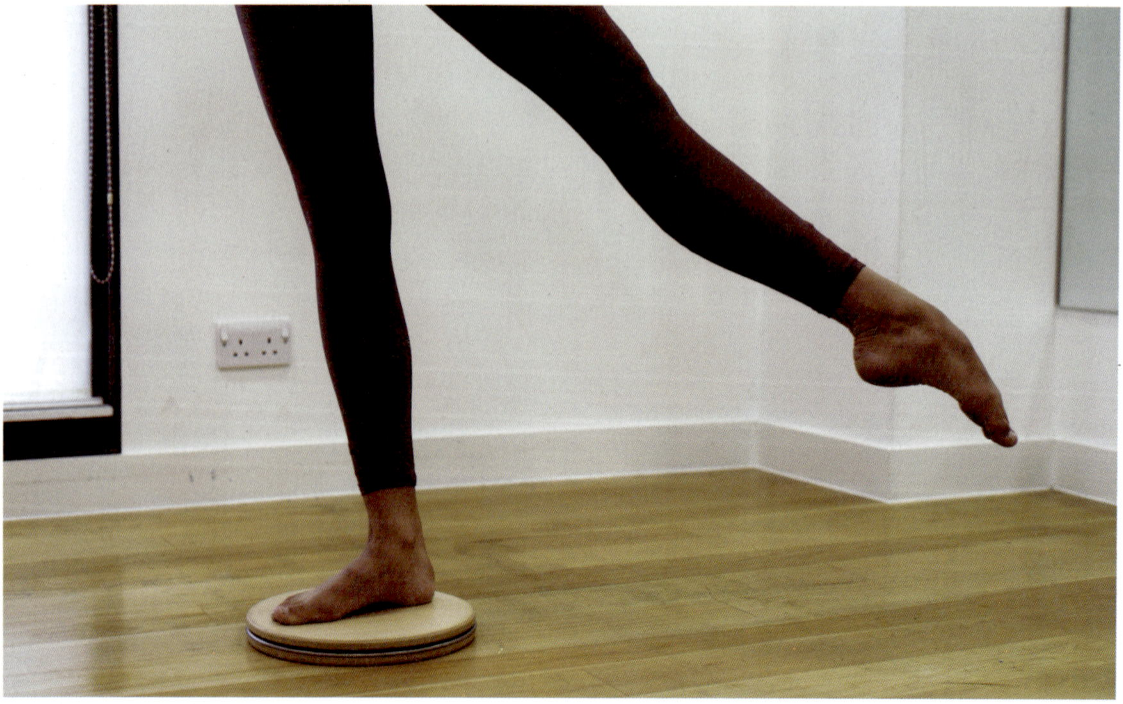

2번으로 다리를 벌릴 때 지지 다리에 집중한다.

동작 다리로부터 돌아서 낮은 아라베스크를 한다.

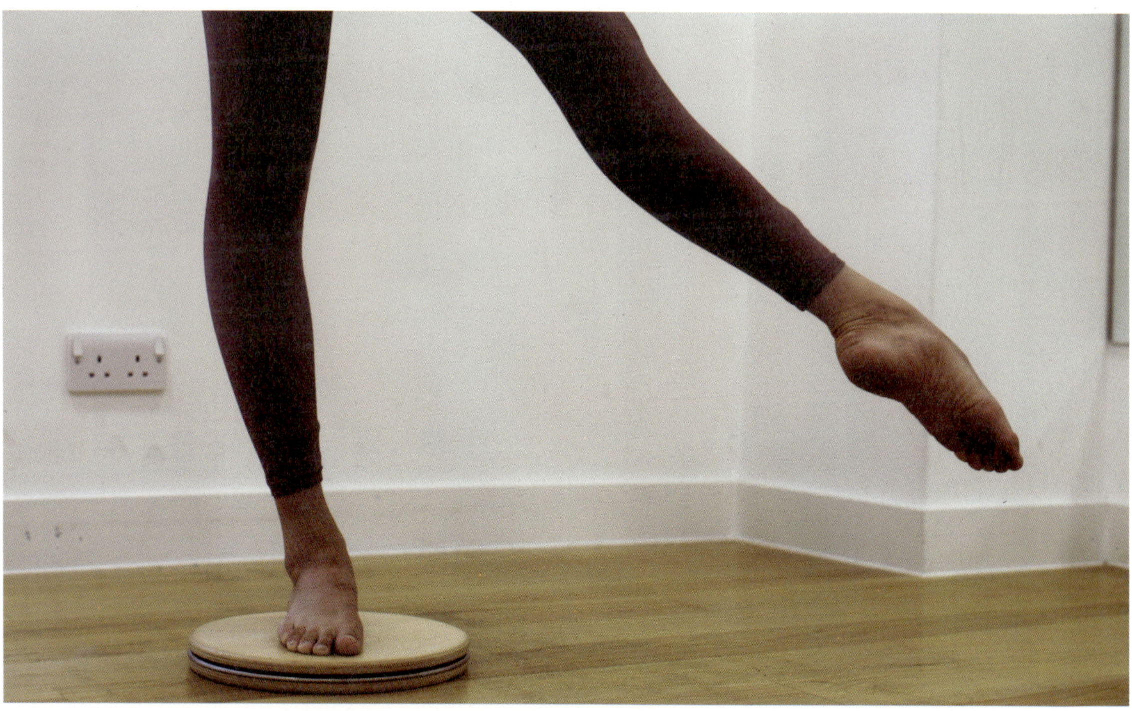

몸을 뒤로 동작 다리를 향하게 하여 드방 다리로 옆으로 돈다.

이 운동을 수행하는 것은 매우 까다롭기 때문에 국소 근육 피로를 경험할 수 있다. 좌절할 필요는 없다. 대부분의 사람들이 각 면에서 두 세번만 반복할 수 있다. 이 운동은 처음에는 좀 어렵지만 한쪽에서 다른 쪽으로 다른 전략을 관찰하는 데 유용하다.

최근에 디스크에는 내부 스프링이 들어가게 개발되어 움직임의 두 단계 모두에서 회전을 조절해야 한다. 이는 생각할 거리를 더 가져다준다.

알아두기

동작다리가 공중에 지지되고 있어서 그 지점에서 앞 뒤로 움직이고 있다고 상상해 보라.

힙 챌린지 Hip Challenge

이 운동은 상당히 어려운 운동이다. 이 운동은 둔부 안정성 개선에 도움을 줄 뿐 아니라 무릎 정렬을 확인하고 동시에 발목 안정성을 개선할 기회를 제공한다. 이 운동은 수평으로 턴아웃 하면서 연습해야 하고 3-4회 반복하는 것이 좋다.

1. 이 운동을 위해서는 필라테스 박스나 의자를 이용한다. 몸의 정렬을 확인하기 위해서 자신을 볼 수 있는 거울이 있으면 도움이 된다.
2. 한쪽 다리를 박스 위에 올리고 박스 앞에 선다. 허벅지가 정렬되어야 한다.
3. 지지하고 있는 무릎을 구부리고 두 번째 발가락에 맞춘다.
4. 엉덩이를 접으면서 할 수 있으면 바닥과 수평을 이루어 몸통을 당겨 퐁듀 자세를 취한다.
5. 상체를 앞으로 하는 자세를 유지하고 둔부 근육으로부터 시작하여 지지하는 다리를 스트레칭 한다.
6. 앞 발을 통해 체중을 올바르게 지지하고 발꿈치 쪽으로 앉지 않도록 한다.
7. 강한 동작에서 요추 근육에 집중하면서 몸통을 직립 자세로 들어 올려 마무리 한다. 엉덩이에 손을 올리거나 골반 옆으로 박대를 잡으면 원치 않는 회전이 일어나는지 확인하는데 도움이 된다.

엉덩이 평형을 유지하는 데 도움이 될 만한 박스나 의자를 준비한다.

퐁듀.

몸통을 구부려 가급적 바닥과 평행하게 한다.

무릎을 펴면서 다리 뒤쪽에 집중한다.

발을 바깥으로 돌리고, 전 과정을 반복한다.

알아두기

하체 활성 운동에서는 둔근 활성화를 조광 스위치처럼 생각하는 것이 도움이 될 수 있다. 조명이 부드럽게 켜지고 천천히 꺼지는 것을 상상해 보라. 이 모든 작업은 턴아웃을 개선하는 것으로 둔부 안정성과도 관련됨을 기억하자. 완전 체중 부하 운동에서, 특히 서서 운동할 때는 항상 지지하는 엉덩이에 집중해야 한다. 종종 아라베스크나 아라베스크 팡세에서의 느낌을 상기하자. 이렇게 하면 바로 운동 성능을 최적화할 수 있다.

턴아웃에 집중하는 이 운동들을 수행할 때 이 운동들이 둔부 안정성을 향상시킨다는 것을 잊지 않는다면 효과는 배가 된다. 강한 둔부의 힘은 점프에도 도움이 된다. 이 모든 작업은 신체가 전체적으로 기능하는 방식과 다른 모든 근육들과 운동 패턴이 연결되는 방식에 관한 것이다. 이들을 최적화해야만 아라베스크나 완벽한 5번 자세같은 아름다운 동작을 달성할 수 있다.

애티튜드.

제4장

지지하는 중심선: 건강한 척추
SUPPORTIVE SPIRALS: THE HEALTHY SPINE

어떤 종류의 무용이든 모든 무용수에게는 강하고 유연한 척추가 필요하다. 이 책을 읽고 있는 사람들에게는 그리 놀랄 만한 이야기가 아니겠지만 척추 관절을 해치지 않으면서 강한 힘을 갖도록 하는 것이 항상 쉬운 일 만은 아니다. 고전 무용수를 평가하기 좋은 자세인 아라베스크는 두 요소가 결합된 예이다. 충분한 힘이 없으면 몸통이 구부러지고 이동성이 없으면 선이 너무 똑바르고 빳빳해진다.

건강한 척추는 여러 각도에서 다양한 범위를 갖는다: 신전(과신전 또는 캄브레), 굴곡(앞으로 굽히기), 오른쪽 또는 왼쪽으로의 측면 굴곡(옆으로 굽히기), 오른쪽과 왼쪽으로 돌리기가 그것이다. 무용 동작들은 이런 동작들 중 하나 이상을 동시에 포함한다. 이런 움직임에서 대칭이 되면 좋지만 개인의 신체적 조건이나 무용 수준이 달라 대체로 유지하기 쉽지 않다. 예를 들어, 고전 무용수들의 경우 피루엣에서 오른쪽으로 도는 것을 선호하기 때문에 왼쪽 다리를 지지하게 되고 왼쪽 다리의 근육이 더 발달되는 경우가 많다.

'이상적인' 척추 정렬(중립)은 경추, 흉부 및 요추의 자연스러운 곡선이 균형을 이루도록 하여 과도한 관절 스트레스를 방지하고 최소한의 근육 활동으로 좋은 자세를 유지하도록 한다. 이 자세는 근육 불균형(예: 약한 복부 근육)의 영향을 받고 곡선이 과장되어 요추 전만 증가와 같은 문제가 발생할 수 있다. 이는 뼈 구조에 추가적인 스트레스를 주는 더 큰 전단력으로 인해 부상을 입을 수 있다.

때때로 만곡이 편평해져서 요추 만곡이 줄어든다. 이것은 충격 흡수를 감소시키고 허리 부상을 초래할 수도 있다. 이는 종종 기술의 특정 측면을 달성하기 위해 척추를 늘리려고 시도하기 때문이다.

무용수라면 '풀업(pull up)'에 대해 들어보았을 것이며 이는 종종 일이 잘못되기 시작하는 지점이다. 교사들은 풀업을 사용하여 복부 근육 사용을 장려하고 골반 위치를 조절한다. 그러나 이는 잘못 해석될 수 있으며, 과도한 풀업은 흉부 신근과 흉곽에 추가적인 긴장을 유발할 수 있다.

컨디셔닝 교사는 또한 '배꼽에서 척추까지' 신호를 사용하여 상황을 악화시킬 수 있으며, 이는 요추 부위에 고정된 누름 단추(press-stud)를 형성하는 경향이 있다. 대신, 견갑골 사이를 향하여 배꼽 부위를 대각선으로 부드럽게 위아래로 당기는 실험을 하는 것이 좋다. 이것은 요추 만곡을 과도하게 편평하게 하지 않으면서 흉곽과 골반 사이의 공간을 유지한다. 치골이 전상장골극(엉덩이뼈)과 같은 평면에 있도록 들어 올려진다고 생각하면 원하는 위치(정렬할 뼈의 삼각형)도 얻을 수 있다.

척추 역시 호흡 패턴의 영향을 크게 받으며 많은 무용수들이 불필요한 긴장 없는 호흡 흐름에 어려움을 겪는다. 호흡은 종종 신경 긴장, 열악한 복부 조절 및 이상적이지 못한 자세의 영향을 받는다. 이것들은 매우 밀접하게 연관되어 있어 문제가 어디서 시작되는지 정확히 알기 어려운 경우가 많다. 가장 중요한 것은 여러 관점에서 이러한 문제를 해결하는 것이다.

호흡의 중요성 때문에 여기에서 척추에 대해 살펴보면서 먼저 호흡 운동으로 시작한다.

알아두기

이 장에 나오는 모든 운동은 척추 측만증(scoliosis)이 있는 사람들(상세 내용은 아래 참조)에게 적합하다. (S) 표시가 되어 있는 부분이 특히 도움이 되는 내용이다.

호흡 운동 BREATHING EXERCISES

누워서 하는 단순한 호흡 운동

Simple Breathing in Supine

1. 누워서 두 다리를 구부리고 척추 중립 상태인지 확인한다.
2. 숨을 들이쉬면서 아래 갈비뼈에 집중하여 갈비뼈를 옆으로 확장시킨다.
3. 숨을 내쉬면서 흉곽이 부드러워지고 이완되는 것을 느껴본다. 숨을 들이쉴 때는 코로 들이쉬고 내쉴때는 입으로 내쉬면 도움이 된다.

몸통이 얼마나 확장되었는지 알기 위해 몸통에 수건이나 세라밴드를 두를 수 있다. 숨을 내쉬면서 좀더 조여주면 다음 호흡시 약간의 저항이 추가된다.

패러세터가 있다면 패러세터에 누워서 호흡 운동을 하면 매우 편리하다. 또는 척추의 자연스러운 곡선을 더 잘 인식하고 작업할 긴장된 부분을 정확히 파악하는 데 도움이 된다. 이 운동은 앉아서 할 수도 있다.

옆으로 누워서 '한쪽 폐'로 숨쉬기(S)

Side-Lying 'One-Lung' Breathing(S)

척추교정기나 필라테스 아크를 사용할 수 있다면 이 운동을 해 볼 수 있다.

1. 스텝의 움푹 들어간 곳에 엉덩이를 두고 옆으로 눕는다. 머리는 두 손으로 지지하고 한 팔꿈치로 기댄다.
2. 윗쪽 폐를 팽창시키고 공기가 갈비뼈쪽으로 밀려나가는 느낌을 느끼면서 안쪽에서 측면을 펴는 데 집중한다. 각 갈비뼈가 척추에서 멀어지고 옆구리가 위쪽으로 확장되는 것을 느껴본다.
3. 아래에서 위로 폐를 채우고 위에서 아래로 비운다.
4. 천천히 호흡하면서 8회 반복하고 다른 쪽에 대해서도 반복한다.

허리를 곧게 세우고 앉아 숨을 등쪽으로 들이쉬어 본다.

이 자세도 이완에 좋다.

때때로 사람들은 옆쪽 다리를 구부린 상태에서 더 나은 공간감을 느낀다. 이는 적어도 한쪽의 척추 측만증이 있는 사람들에게서 자주 나타난다.

호흡과 함께 서서하는 옆 스트레칭(S)

Standing Side Stretch with Breathing(S)

1. 한쪽 허벅지를 배럴에 대고 팔은 배럴의 위쪽에 대고 래더 배럴에 선다.
2. 숨을 깊게 들이쉬고 내쉬면서 배럴 측면에 도달하도록 한다. 각 발에 무게를 동등하게 유지한다.
3. 숨을 들이쉬면서 측면 스트레칭을 유지하고 팔을 머리 위로 들어 올린다. 갈비뼈 확장을 시도한다.
4. 팔을 2번 자세로 펴면서 숨을 내쉰다. 단, 갈비뼈 사이의 공간은 유지한다. 숨을 들이쉬면서 똑바로 선 자세로 돌아온다.
5. 각 측면에 대해 3-4회 반복한다.

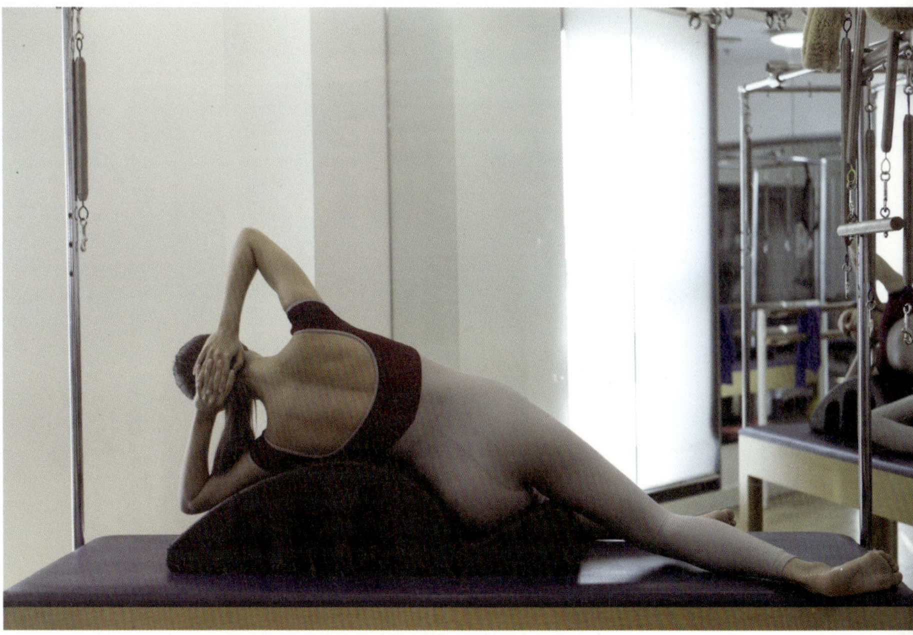

엉덩이에서 대퇴골이 늘어난 느낌이 든다. 이 자세는 옆구리 전체를 펴는데 도움이 된다.

배럴에 아주 가까이 서서 위에서 바깥으로 손을 뻗어 아래쪽에 가능한 한 많은 공간을 유지한다.

팔을 머리 위로 들어 올릴 때 두 발은 아래로 누른다.

팔을 2번 자세로 내려줄 때 가슴과 등 위쪽이 펴지는 것을 느껴본다.

양 허리에서 부터 몸을 늘리며 똑바로 선다.

알아두기

모든 호흡 운동에서 공기가 들어오고 나가는 속도를 조절하여 호흡이 멈추거나 사라지지 않도록 한다. 갈비뼈의 움직임을 느끼고 내부 움직임에 집중한다. 자신의 횡격막이 오르락 내리락 하는 것을 느낄 수 있는지 확인한다.

움직임과 관절을 위한 운동
EXERCISES FOR MOBILITY AND ARTICULATION

다음의 운동들은 척추의 운동성과 관절에 집중하는 운동들이다.

몸통 접어 회전하기(S)
Torso Folding Rotations(S)

1. 옆으로 누워서 두 다리를 굽히고 발꿈치는 척추와 일직선 상에 놓이도록 한다.
2. 어깨와 엉덩이를 올바르게 정렬한다.
3. 양팔은 어깨 바로 아래에서 쭉 뻗어주고 손바닥이 서로 마주보도록 한다.
4. 숨을 들이쉬고 내쉬면서 위쪽에 있는 손을 바깥쪽으로 밀어준다.
5. 어깨 아래와 엉덩이에서 몸을 고정한다.
6. 다시 숨을 들이쉬면서, 폐 확장을 사용하여 움직임을 시작한 다음 등 위쪽과 어깨를 펴고 팔을 천장쪽으로 편다.
7. 눈으로 손을 따라가면서 손이 바닥 쪽에 가까이 갈 때 머리를 돌린다.
8. 숨을 들이쉬고 내쉬면서 팔을 처음 자세로 옮긴다.
9. 3-4회 반복한다.

이 운동을 여러 번 반복하되 이번에는 척추를 통해 회전을 더 해보도록 한다. 이렇게 하는 경우 손끝이 다른 손 끝에서 최대한 멀어졌을 때, 엉덩이도 회전시키고 척추를 부드럽게 회전하며 스트레칭 한다. 엉덩이를 뒤로 움직이면서 동작의 두 번째 단계를 시작한다.

손을 몸통에서 뻗을 때, 다시 엉덩이를 약간 바닥쪽으로 향하도록 뒤로 돌려준다. 이제, 이번에는 움직임을 따라 가기 위해 엉덩이 위쪽에 약간의 자유를 허용한다. 그 느낌은 거의 허리를 굽히는 것 같지만 지지하는 측면으로의 연결을 지탱해 주는 것 같은 느낌이다.

한쪽 어깨는 다른 쪽 바로 위에, 한쪽 엉덩이는 다른 쪽 바로 위에 있도록 최대한 정사각형으로 시작한다.

위쪽 손을 앞으로 밀어주고 엉덩이는 정사각형을 유지한다.

팔을 펼칠 때, 시선은 손을 따라가고 등 위쪽의 회전을 느끼기 시작한다.

흉골이 천장을 향하는 것을 느끼면서 가슴을 편다.

버스비 버클리 회전(S) Busby Berkeley Rotations(S)

이 운동의 이름은 1930년대 뮤지컬 영화에서 싱크로나이즈드 코러스 댄서의 놀라운 오버 헤드 이미지를 만드는 것으로 유명한 안무가 버스비 버클리(Busby Berkeley)의 이름을 따서 명명되었다. 원 안에 있는 50명의 댄서가 이 작업을 한다고 생각하면 아이디어를 얻게 될 것이다!

1. 두 다리를 쭉 펴고 양팔은 2번 자세로 하고 손바닥은 바닥쪽으로 하여 천장을 보고 눕는다.
2. 한 발을 평형 파쎄로 하면서 숨을 들이쉰다.
3. 몸 위로 무릎을 교차하고 양 어깨는 바닥에 유지한다.
4. 숨을 내쉬고 발을 펴서 데벨로뻬(développé)를 하여 다리의 무게가 주는 스트레칭을 느낀다.
5. 발을 바닥에 내려놓는다. 골반을 뒤로 돌려 사각형 자세로 하면서 다리 무릎을 굽힌다. 발을 바닥에 미끄러지듯 내려주며 다리를 편다.
6. 다른 다리로 반복하고 3–4회 수행한다.
7. 나선이 길어진다고 상상하면서 관절 사이의 공간을 느낀다.

양팔을 척추로부터 멀리 뻗어주고 발은 골반에서부터 멀리 뻗어준다.

수평 파쎄 자세를 취하고 다리를 교차한다. 양 어깨는 매트에 닿도록 한다.

발가락으로 먼 벽을 만지고 싶은 것처럼 다리를 몸통에서 멀리 뻗었다가 다시 바닥에 내려 놓는다.

머리를 돌려 발에서 눈을 떼고 팔을 바닥에서 떼고 천장을 향해 시선도 따라간다.

마치 앞쪽으로 구르는 것처럼 손이 다른 손을 넘어가도록 한 다음, 팔을 뒤로 뻗을 때 다리를 교차하여 몸에서 멀리 쭉 뻗는다.

이 기본 버전의 버스비 버클리 운동은 상체 접기를 포함하도록 진행할 수 있으며, 이는 이동성을 향상시킴과 동시에 긴장을 완화하는 좋은 방법이다.

버스비 버클리: 론드잠 변형

Busby Berkeley: Rond de Jambe Variation

고관절 범위와 골반 안정성 인지를 높이는 데 도움이 되는 변형을 위해 버스버 버클리에 론드잠을 추가할 수 있다.

1. 다리를 펴주고 골반은 사각형 자세로 돌아온다.
2. 다리를 천장으로 향하면서 손을 엉덩이 뒤쪽에 올린다(엉덩이와 다리가 90° 각도를 이루게 되며 바깥쪽으로 회전된다.)
3. 다른 손은 지지하는 엉덩이의 앞에 두고 다리를 2번 자세로 벌리면서 론드잠 앙 디올로 다리를 바닥 위에 첫번째 자세로 돌아온다.
4. 다른 다리로 반복한다.

다리를 교차한 후, 손을 엉덩이 뒤에 놓는다.

다리를 앞으로 뻗는다. 엉덩이에 놓여진 손에 자신의 무게가 느껴진다.

다른 손으로 지지하는 엉덩이를 받쳐주고 어깨와 엉덩이는 최대한 사각형을 이루도록 한다.

다리를 론드잠에서 2번 자세로 펴주면서 잘 정렬한다.

어깨띠와 위 척추
THE SHOULDER GIRDLE AND UPPER SPINE

등 위쪽은 시간이 지남에 따라 뻣뻣해질 수 있고 이는 아라베스크를 하기 위해 요추를 많이 사용하는 무용수(특히, 과다 신전인 사람)에게 특히 문제가 될 수 있다. 이는 어깨뼈 안정성에 큰 영향을 받는다. 어깨뼈가 폴드브라를 지원하기 때문이다. 등 위쪽이 약하거나 뻣뻣해지면, 무용수는 익상견갑(winging shoulder blades) 때문에 팔을 움직이는데 어려움을 겪을 수 있다.

척추의 힘, 안정성 및 이동성에서 팔을 움직이는 방식을 분리하는 것은 실제로 불가능하다. 하지만 어깨와 견갑골을 위해 더 구체적으로 고려할 수 있는 몇 가지 운동을 포함하고 싶다. 다음의 운동들은 어깨띠와 당신의 폴드브라를 개선하는데 도움이 되는 모든 것들 사이의 중요한 지점들을 언급할 것이다.

다음의 첫 네 가지 운동은 견갑골 안정성 및 등 위쪽 자세 문제를 해결하는 데 매우 효과적이다.

팔꿈치 돌리기 Elbow Circles

어깨띠 사이의 근육을 인지하고 강화는 작업을 시작하는데 좋은 운동이다.

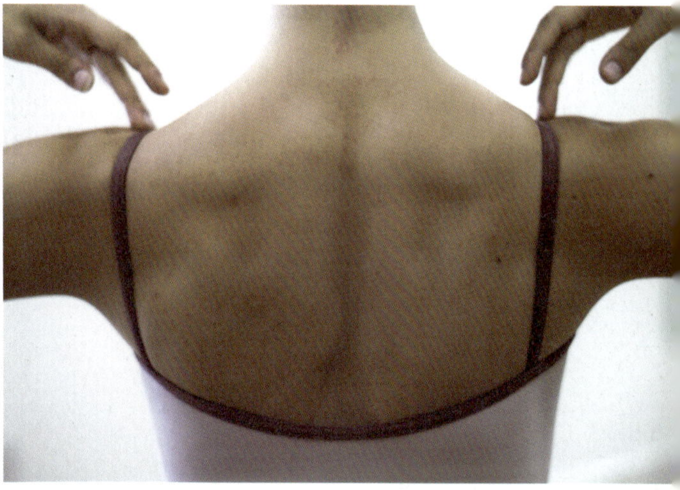

팔꿈치는 어깨보다 살짝 아래에 둔다.

1. 앉아서 손가락 끝을 가볍게 어깨 위에 올린다. 양 팔꿈치는 각 측면을 향하게 한다.
2. 각 팔꿈치가 벽에 닿아 있는 것처럼 표면에 닿아 있다고 생각하고 뒤로 작은 원을 그린다.
3. 어깨는 가만히 있는 상태를 유지하고 가슴과 등을 편다.
4. 20회 반복한다. 이 동작에 익숙해질 때까지는 팔이 무겁게 느껴질 수 있다.

힘과 유연성은 아름다운 선을 만드는 핵심이다.

앉아서 하는 능형근 운동(또는 '펑키 치킨')

eated Rhomboids(or 'The Funky Chicken')

이 운동은 리포머에서 하거나 밴드 또는 무게공(weighted ball)으로 하는 등 다양한 방법으로 수행할 수 있다.

1. 리포머에 캐리지의 뒤쪽을 향해 라이저를 보고 앉는다.
2. 루프를 팔꿈치 아래 팔에 감고 손바닥이 얼굴을 향하게 하고 팔꿈치는 앞을 가리키도록 한다.
3. 숨을 내쉬면서 손바닥이 자신의 귀를 향하도록 팔꿈치를 열어준다.
4. 몸통이 팔을 통해 여행한다고 생각해 보라. 팔꿈치가 측면에 있는 벽에 넓게 닿는다고 생각하면 도움이 된다.
5. 스프링은 빨간색 하나 파란색 하나 또는 빨간색 두 개를 권장한다.

리포머가 없다면, 상자 위나 의자에 저항밴드를 양손에 둘러 얼굴 가까이에 두거나 저항을 위해 무게공 두개를 잡고 바를 보고 앉는다. 위와 같은 순서로 계속한다.

리오 Rio

1. 매트에 엎드려 눕고 팔은 2번 자세로 한다.
2. 손가락으로 바닥을 가볍게 짚고 팔꿈치는 바닥에 닿지 않게 든다. 이 자세는 보통 2번 자세에서 사용하는 선보다 약간 뒤쪽이라고 느껴질 수 있다.

팔꿈치를 어깨보다 약간 아래에 둔다.

어깨뼈가 서로 떨어져 편평하게 유지되도록 한다.

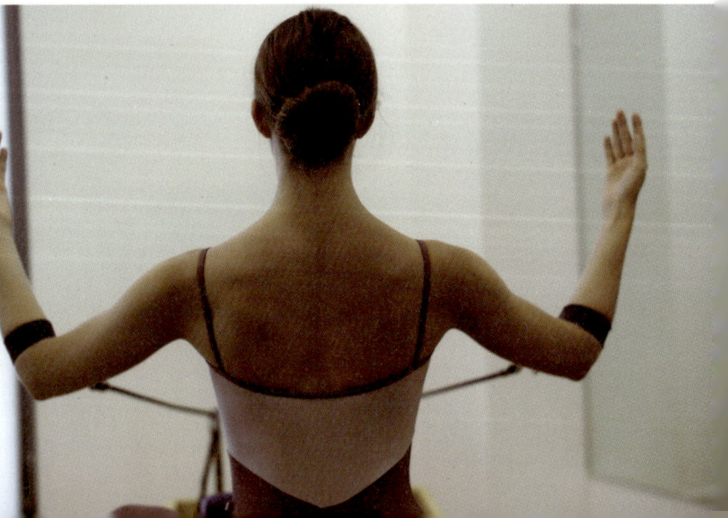

3. 숨을 들이쉬면서 어깨뼈를 골반쪽으로 약간 아래로 내리고 팔은 돌려주어 엄지손가락이 천장을 향하도록 한다.
4. 숨을 내쉬면서, 팔꿈치는 펴지 않고 팔을 바닥에서 떨어지게 한다.
5. 견갑골을 척추에서 최대한 멀리 유지하고 높이 들어 올리려고 하지 않는다. 이마에 과도한 무게를 느끼지 말고 목의 길이를 유지한다.
6. 정수리가 앞으로 늘어난다고 생각하면 도움이 된다.
7. 8-10회 반복한다. 초기에는 팔이 무겁게 느껴질 것이다.
8. 변형을 주기 위해서 팔을 들어 올릴 때 등 위쪽이 들려서 확장되게 한다.

팔을 돌리면서 몸통을 들어 올린다.

등 위쪽을 확장하면서 목 뒤쪽의 길이를 유지한다.

앉아서 하는 풀다운(S)

Seated Pull-Downs(S)

이 운동은 캐딜락에서 하는 운동 중 일부로 꽤 유명하다. 캐딜락이 없다면 대체 용품으로 발레 바에 저항밴드를 묶어서 사용할 수 있다.

바의 바깥쪽으로 앉을 수도 있다. 어느 것이 편한지 확인해 본다.

1. 위에 있는 트랩바를 잡고 캐딜락 옆에 앉는다.
   바의 안쪽이든 바깥쪽이든 편한쪽으로 앉는다.
2. 양 엉덩이에 무게를 고르게 분산시킨다.
3. 자신의 어깨 선 앞과 시야 선 안쪽에 있는 바를 손으로 가볍게 잡는다.
4. 숨을 내쉬면서 어깨뼈로부터 시작해서 팔꿈치는 허리쪽으로 오게 하면서 바를 부드럽게 아래로 내린다.
5. 숨을 들이쉬면서 어깨는 올리지 않고 바를 다시 위로 올린다.
6. 이를 8-10회 반복한다. 다른 팔로도 반복 수행한다.

선이 개입되는 회전 요소를 추가하여 쉽게 수행할 수 있다. 에폴망(épaulement)을 이용해 단순하게 트랩바에 있는 손을 내려서 옆쪽으로 보내고 어깨와 시선을 함께 돌린다.

그 다음, 트랩바 아래에 앉아서 양손으로 바를 내려준다. 위 팔이 어깨와 같은 선에 오고 약간 몸통쪽으로 향한다고 생각한다.

트랩바 안쪽으로 앉는다면 캐딜락의 오른쪽으로 붙어 앉는다.

머리와 눈을 에폴망 자세로 할 수 있다. 다른 쪽 팔이 지지해 준다면 어깨선을 좀 더 이완하는데 도움이 될 수 있다.

위 팔이 몸통에 가까워 질 때 손바닥은 자신을 향해야 한다.

이 운동을 좀 더 발전시키기 위해 서서 할 수도 있다. 또는 좀 더 기능적으로 수행하기 위해 캄브레를 사용할 수 있다. 이 경우 바를 보고 캄브레를 하면 모든 근육의 움직임을 느끼는데 용이하다.

첫 번째 자세로 바 안쪽으로 선다.

바가 위로 올라가고 팔이 이동하여 똑바로 세워지면 캄브레 자세가 된다.

바와 저항밴드를 이용한다면 바 옆에 편한 자세로 앉는다.

1. 바에 세라밴드를 걸거나 묶고 손으로 잡는다. 시선이 옆으로 향하고 있다면, 위 팔이 2번 자세에 있으면서 팔꿈치는 어깨의 약간 앞쪽에 위치해야 한다. 앞을 바라볼 때 손은 자신의 시야 안에 있어야 한다.
2. 밴드를 가볍게 잡는다.
3. 숨을 내쉬면서 견갑골을 약간 아래로 당기고 팔꿈치가 허리쪽으로 움직이도록 한다.
4. 조절하면서 다시 이완하고 10회 반복한다.
5. 뒤로 돌아서 다른 팔로도 수행한다.

밴드로 동시에 두 팔을 모두 사용하는 방법으로 수행할 수 있다. 이 경우 견갑골 움직임과 안정성에 매우 효과적이다. 바를 이용한다면, 벽을 등지고 앉아서 머리 위로 바에 밴드를 건다(또는 밴드 두 개를 사용한다.). 밴드를 잡고 어깨와 팔꿈치는 옆으로 펴서 2번 자세로 하고 팔꿈치가 허리로 가도록 내려 당긴다.

손에 과도한 긴장을 하지 않은 상태에서 시작한다. 겨드랑이 바로 아래 어깨뼈 옆에서부터 움직임을 시작한다.

어깨뼈 아래로 내려 당긴다. 팔꿈치가 허리쪽을 향한다고 생각한다.

폴드브라를 고려한다면, 이를 개선하는 가장 간단한 방법은 자신의 폴드브라 운동에 약간의 손목 무게를 더해주는 것이다. 그리고 1번에서 2번으로, 그리고 1번에서 5번으로 2번을 거쳐 하는 것을 연습한다.

등 위쪽을 더 활용해 4번과 에폴망을 이용해서 시도할 수도 있다. 두 팔의 동작을 견갑골에서부터 시작하고 미끄러지는 느낌으로 수행한다.

앉고 일어서서 가슴 펴기

Chest Expansion, Seated and Standing

이 운동은 보통 리포머에 앉아서 수행하지만 바 옆에 앉거나 서서 저항밴드를 이용해서 할 수도 있다.

1. 가벼운 또는 중간 밴드를 사용하여 바에 걸거나 묶는다.
2. 바를 보고 상자나 의자에 앉고 팔은 몸 옆에 붙이고 양손으로 밴드를 가볍게 잡는다.
3. 숨을 내쉬면서, 곧바로 앉은 자세를 유지하고 밴드를 아래로 내렸다가 제자리로 돌아간다. 팔 뒤쪽의 삼두근이 움직이는 것을 느낄 수 있을 것이다. 하지만 어깨뼈 아래의 근육을 사용하는 데 초점을 둔다.
4. 8회 반복한다.

리포머에서 이 운동을 한다면, 작업의 강조점을 바꿔주는 다양한 자세를 해볼 수 있다. 발 뒤꿈치 위로 앉아 하는 경우, 등 위쪽과 삼두근에 주로 집중하여 수행할 수 있다.

또는 어깨 패드에 가깝게 무릎을 꿇고 앉아서 하는 경우, 특히 스프링 하중이 가볍다면 코어를 더 많이 사용하게 된다. 스프링은 빨간색 하나 또는 초록색 하나를 권장한다.

서서 가슴 펴기 운동을 할 때도 코어가 개입된다. 저항밴드를 고정하고 밴드를 뒤로 당길 때 좋은 자세를 유지하기 위해 바를 똑바로 향하도록 평행

스트랩을 손목에 건다. 손가락은 바닥을 향하도록 한다.

정수리부터 무릎까지 길어지는 느낌을 살리고 코어를 사용한다. 그렇지 않은 경우 안정감이 떨어진다.

밴드를 당기고 푸는 동안 팔은 엉덩이에서 약간 떨어져 있게 한다.

하게 시작한다.

평행으로 서서하기를 몇 회 수행한 후, 4번 자세를 취하여 움직일 때 등 근육에 어떤 차이점이 있는지 알아본다. 앞쪽 다리를 반쯤 바꿔준다. 각 발에 대해 8회 반복한다.

어깨뼈에서 아래로 내리는 것은 팔을 뒤로 하는 움직임보다 더 중요하다.

아라베스크를 위한 운동
TOWARDS ARABESQUE

이전 운동들이 아라베스크에 일반적으로 유익이 되는 운동이라고 한다면 다음의 운동들은 아라베스크를 정확히 하는데 더 특화된 운동이라고 할 수 있다.

다트(S) Dart(S)

1. 약간의 복부 힘을 유지하면서 엎드려 눕는다.
2. 목을 좀 더 길게 하고 정수리를 앞으로 당겨주는데 초점을 두기 위해 이마에 작은 쿠션을 놓는다. 손바닥은 위를 향하도록 하고 양손을 엉덩이 근처에 두어 매트 위에 올린다.
3. 숨을 내쉬면서, 양팔은 매트에서 약간 띄워주고 상체를 천천히 올린다.
4. 상체를 내리면서 숨을 들이쉬고 길이는 유지한다. 10회 반복한다.

좀 더 난이도를 높이려면, 상체를 편 상태를 유지하면서 숨을 들이쉬고 양팔은 5번 자세를 한다. 숨을 내쉬면서 팔을 척추에서 멀리 2번으로 펴고 몸통을 내리면서 손은 엉덩이 옆으로 돌아온다. 척추의 긴 느낌을 유지하고 팔은 부드럽게 움직인다.
4회 반복한다.

리포머에서 백조 자세하기
Swan on the Reformer

이 인기있는 운동은 이동성과 관절에 초점을 맞추거나 힘을 더 강조하여 사용할 수 있다.

1. 리포머 위에 길쭉한 상자를 올린다.
   풋바는 중간이나 높이 두는 것이 좋다.
2. 풋 바를 보고 상자 위에 엎드려 눕는다. 어깨뼈와 가슴은 상자 모서리 앞쪽에 둔다. 코는 바 위에 위치한다.

흉골을 매트에서 떨어뜨리고 정수리 쪽으로 몸을 길게 한다.

3. 엄지손가락이 아래로 향하도록 양손으로 바를 잡는다. 팔꿈치는 옆으로 벌리고 손을 넓게 펴서 잡는 것이 가장 좋다.
4. 숨을 내쉬면서, 양팔로 바를 밀어주고 길어진 중립 자세를 유지한다. 다리는 몸 중심에서 최대한 멀리 뻗는다.
5. 몸 전체를 스트레칭하면서 숨을 들이쉬고 다음 호흡에서 등 위를 늘리면서 상체를 들어 준다.
6. 팔은 곧게 유지하고 팔꿈치가 굽혀지지 않게 한다.
7. 시작 자세로 돌아오면서 등 위를 중립으로 이완해준다. 8-10회 반복한다.
8. 머리 끝부터 발 끝까지 길어진 것을 느낀다.
9. 스프링은 빨간색 하나, 파란색 하나 또는 빨간색 두 개를 권장한다.

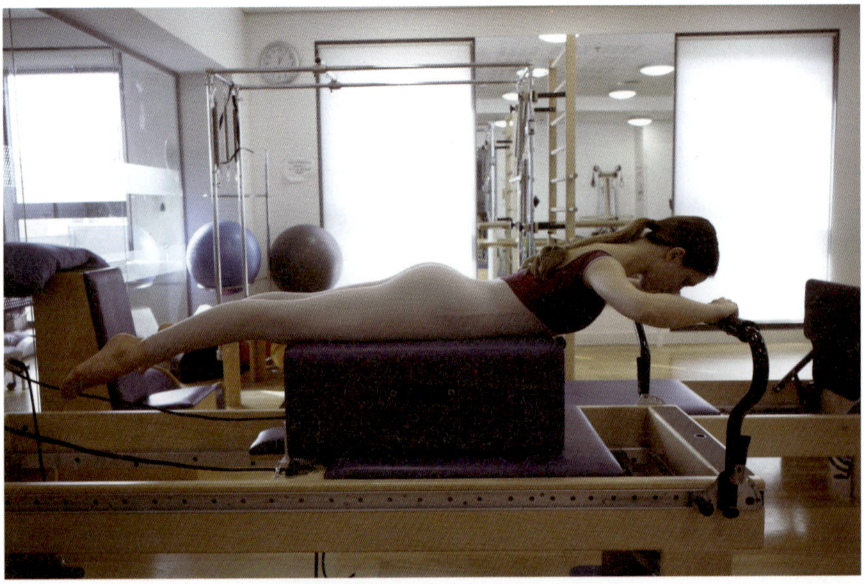
코가 풋바 가까이에 있다.

바를 밀어준다.
팔꿈치를 펴준다.

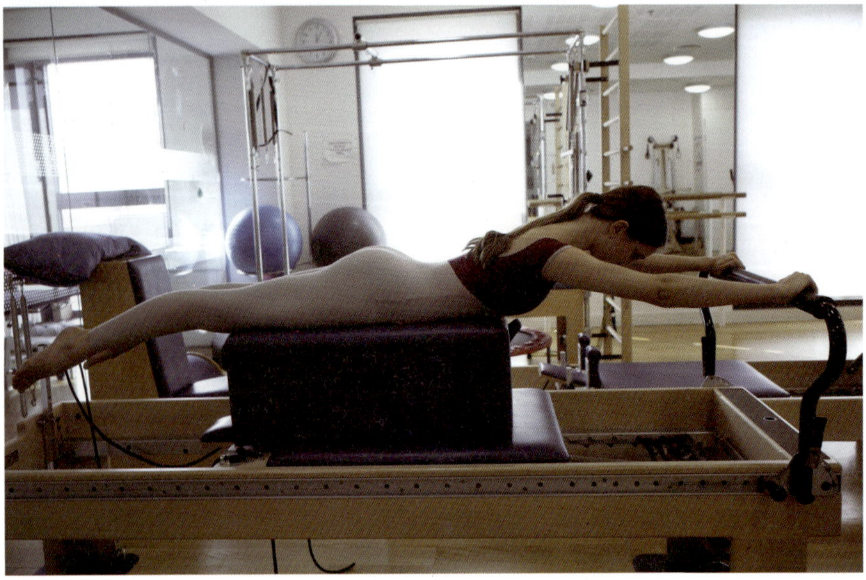

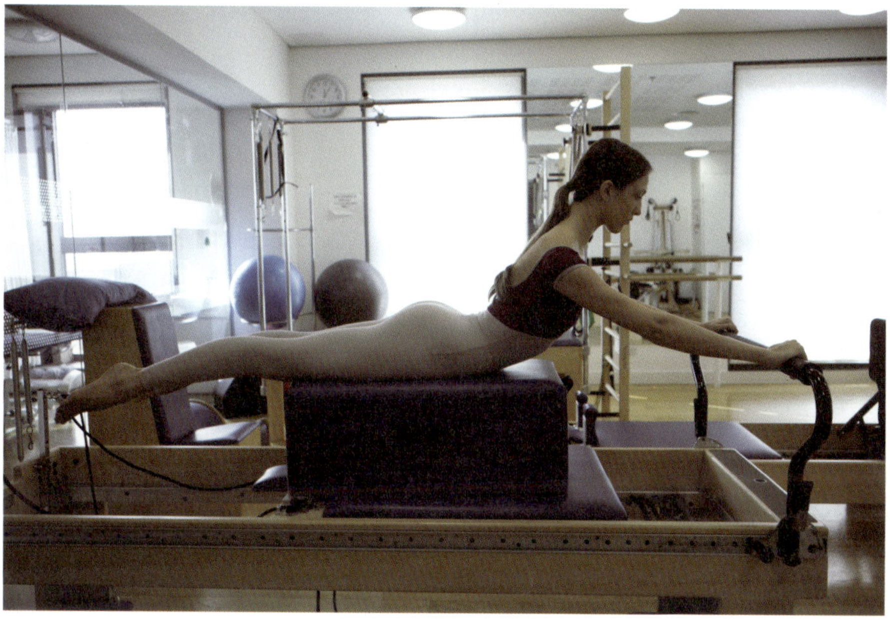

바를 눌러주고 척추는 부드럽게 둥글게 하는 데 목표를 둔다.

척추 측만증: 특별 참고 사항
SCOLIOSIS: A SPECIAL NOTE

이 책은 '이상적인' 무용수가 쉽지 않은 무용수들이 겪는 여러 문제들에 대해 상세히 다룰 수 없기 때문에 다리 길이 불일치나 굽은 다리 등 신체적 문제에 대해서는 다루지 않는다. 실제로 모든 사람은 자신의 불완전함 때문에 어려움을 겪고 있으며 댄서는 환상의 예술에 전문가가 되려는 경향이 있다.

내 경험상 척추 측만증(즉, 척추의 옆굽음 또는 'S'자 모양의 곡선)이 있는 사람들을 위해 간단한 섹션을 포함하고 싶다. 이는 무용수와 운동 선수들 사이에서 매우 흔한 문제이며, 남성보다 여성에게서 더 많이 나타나며, 특히 아직 성장기에 측만증이 나타나는 경우 관리가 어려울 수 있다.

우선 이 상태가 댄스 분야에서 경력을 쌓을 수 없다는 것을 의미하지는 않는다는 것을 말하는 것이 중요할 것이다. 나는 이 상태를 가진 많은 무용수들(일부는 수석급)을 알고 함께 일했으며 그들은 뛰어난 예술가였고 허리 통증을 거의 겪지 않았다. 여러 면에서 활동성을 유지하는 것이 척추 측만증을 건강하게 유지하는 가장 좋은 방법이다.

척추 측만증은 척추를 지속적으로 회전시키므로 내가 해 줄 수 있는 가장 간단한 조언은 척추를 매일 각 방향으로 회전시켜 '풀어' 주라는 것이다. 회전 운동은 매일 주기적으로 해야 한다.

골반 위치 조정이 자세 교정에 가장 좋은 방법이다. 흉곽의 측면 이동보다는 엉덩이에서 나선을 교정하는 방법에 대해 생각해보자. 이는 근육을 더 팽팽하게 만들 수 있다. 거울을 보고 시도해보라. 거울을 보고 서서 팔은 몸 옆에 가볍게 둔다. 이렇게 하면 허리 모양의 차이를 확인할 수 있다. 한쪽 팔과 갈비뼈 사이에 더 많은 공간이 있을 수 있다. 또한 한쪽 엉덩이가 다른 쪽 엉덩이보다 약간 앞에 있는지 관찰해 보라. 골반 위치를 조정해보자. 이를 위해 복부 또는 둔부 근육을 더 많이 모아야 할 수도 있다. 척추에 공간을 만들고 가능한 한 중심에 곡선을 길게 만든다.

호흡 운동도 유용한데 한 번에 한쪽씩 집중하는 것이 가장 효율적이다. 일반적인 척추 운동의 호흡 부분을 참조하라.

나는 보통 신체의 각 측면이 최적의 운동 잠재력

에 도달할 수 있도록 일방적인 운동을 선호한다. 이는 무용수가 척추 측만증과 관련된 근육 불균형으로 작업에 방해를 받지 않도록 스스로 도전해야 하는 근력 운동에 특히 유효하다.

척추 측만증은 근본적으로 구조적 골격 문제이지만 변할 수 있다. 이는 평소보다 더 타이트하다고 느끼는 단계, 근육이 고르게 발달하지 않는다고 느끼는 단계 등, 분명한 단계를 거치게 된다. 이는 작업량이나 백조의 호수에서 발레단이 오랜 시간 한 발로 서 있는 등의 특정 레파토리에 영향을 받을 수 있다.

척추 측만증이 있는 대부분의 사람들은 특정 방향으로 더 잘 회전할 수 있다는 것을 알 것이다. 두 발을 고정하고 두 엉덩이를 정사각형으로 유지한 상태에서 의자 나 벤치에 앉아 몸통을 한쪽으로 돌린 다음 다른 쪽으로 돌리면 곧바로 알 수 있을 것이다. 어느 쪽으로 돌 때 더 편한지 확인했다면 불편한 쪽으로 회전 운동을 시도해보자.

회전 운동은 매일 매일 해야 한다. 이 장에 나오는 모든 운동은 척추 측만증이 있는 무용수들에게 적합하며 특히 (S) 표시가 있는 운동들은 더 도움이 되는 운동들이다. 앞으로 소개하는 운동들은 척추 측만증이 있는 경우와 관련이 있지만 측만증이 없더라도 좋은 운동들이다. 상체 전개와 일반 척추 부분의 '버스비 버클리' 동작들은 단순하고 좋은 움직임이며 척추의 각 영역이 어떻게 느끼는지 평가할 수 있는 '자체 스캔' 기회를 제공한다.

서서하는 회전 운동(S)

Standing Rotational Mobilization(S)

1. 몸의 측면을 벽에 가까이에 대고 선다. 골반의 평형을 유지하기 위해 한 발끔치 아래에 패드를 두는 것도 좋다.
2. 바깥쪽 다리를 뒤로 하면서 4번 자세로 선다.
3. 바깥쪽 팔을 머리 위로하여 벽쪽으로 스트레칭하고 손바닥을 벽에 대어 몸의 측면이 구부러지게 한다.
4. 숨을 들이쉬면서, 벽을 약간 밀어주고 갈비뼈를 최대한 확장시킨다.
5. 숨을 내쉬면서, 안쪽 팔을 몸 위로 교차하며 벽에서 부터 회전한다.

어깨와 엉덩이를 정렬하고 최대한 사각형을 유지한다. 갈비뼈가 확장되는지 느껴본다.

내린 팔은 몸 앞으로 하고 올린 팔로 벽을 계속 밀어준다.

바나 가벼운 저항밴드를 묶을 것이 있다면, 밴드를 당겨 몸 전체에 닿을 때 움직임을 보조할 수 있다.

리포머 작업: 퐁듀(S)

Reformer Work: Fondues(S)

리포머를 사용하는 척추 측만증을 가진 사람을 위한 가장 간단하고 효과적인 팁 중 하나는 항상 퐁듀로 프로그램을 시작하라는 것이다. 이를 통해 하둔근과 국소 복부 활성화에 효과적으로 집중할 수 있으며, 매우 중요한 것은 각 엉덩이가 최적으로 작동할 수 있게 해 준다는 것이다.

이 척추 상태를 가진 무용수의 경우 종종 실제로는 그렇지 않더라도 한쪽 다리가 다른 쪽보다 짧은 것처럼 동작한다. 두 엉덩이를 함께 사용하기 전에 엉덩이를 충분히 열면 플리에(pliés)와 기본 발 작업에서 운동의 대칭성을 유지하는데 도움이 된다. 골반 균형 유지에 집중하면서 엉덩이에 공간을 만든다. 이 운동은 외회전에서도 해볼 수 있다. 스프링은 빨간색 두 개 또는 빨강 하나, 초록 하나를 권장한다.

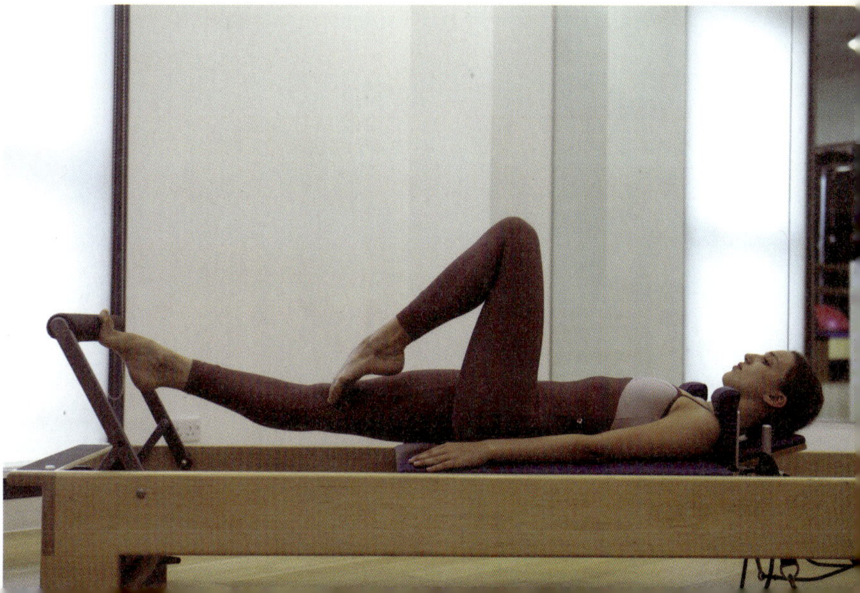

양 측면에 차이는 없는지 확인하면서 평행으로 퐁듀를 시작한다.

인어 자세(S) The Mermaid(S)

일반적인 필라테스 운동들은 척추 측만증이 있는 누구에게나 좋은 운동이다. 한쪽이 다른 쪽보다 더 굽었다고 생각이 들더라도 양쪽 모두 운동해 주어야 한다. 제한된 쪽이 걱정된다면 그 쪽으로 몇번 더 해주면 된다.

1. 캐리지에 옆으로 앉아서 다리를 'Z' 모양으로 해도 엉덩이가 편하다면 이 자세를 유지하고 아니면 아빠 다리로 앉는다.
2. 캐리지 끝 쪽, 풋바 가까운 곳에 앉아서 손을 바 위에 올려놓는다.
3. 숨을 들이쉬면서, 바를 잡지 않은 손을 2번 자세로 펴주면서 갈비뼈를 측면으로 확장한다.
4. 숨을 내쉬면서, 풋바를 밀어주고 바를 잡지 않고 있는 손을 머리 위로 올려서 측면을 굽혀준다.
5. 좌골이 캐리지에 있도록 집중하고 2회 반복한다.
6. 상체를 바 쪽으로 돌리고 두 손으로 바를 잡는다. 최대한 어깨가 바와 사각형을 이루도록 한다.
7. 이번에는, 숨을 내쉬면서 바를 밀어주고 몸통을 리포머 프레임 쪽으로 내리면서 갈비뼈를 거쳐 엉덩이로부터 부드럽게 척추를 스트레칭하는데 집중한다.
8. 다시 허리를 세워 앉고 처음 자세로 돌아와 3회 반복한다.
9. 스프링은 빨강 하나 또는 빨강 하나와 파랑 하나를 권장한다.

나중에 일반적인 측면 스트레칭을 다시 시도하고 회전 스트레치 후 몸이 캐리지에 얼마나 더 가까이 있는지 확인해 보면 좋다.

좌골 양쪽이 모두 캐리지에 균형 있게 위치해 있는지 느껴보자.

골반 위로 팔을 멀리 뻗어준다.

바 쪽으로 몸을 돌리면서 몸을 세워 앉는다.

어깨로부터 머리까지 긴 곡선을 느껴본다. 그런 후 숨을 들이쉬면서 바를 약간 밀고 팔꿈치를 굽힌다.

바를 다시 밀때, 더 큰 곡선을 달성하게 될 것이다.

측면 스트레칭을 다시 할 때, 더 많은 움직임 범위를 찾아야 한다.

앉아서 하는 측면 스트레칭(S)

Seated Side Stretch(S)

리포머를 사용할 수 없는 사람들을 위해, 이 놀라운 앉은 사이드 스트레칭은 멋진 회전 스트레칭을 제공한다. 척추 측만증이 있든 없든 좋은 운동이다.

1. 매트에 아빠 다리로 앉고 양손가락은 바닥을 향하도록 한다.
2. 숨을 내쉬면서, 한쪽 손으로 바닥을 짚고 팔을 구부린다. 다른 손은 머리 뒤에 놓는다. 팔꿈치가 천장을 향한다고 생각하고 엉덩이를 매트에서 떨어뜨린다.
3. 상체를 회전시켜 지지하는 팔 쪽으로 향하고 바닥을 바라본다.
4. 스트레칭을 하면서 흉부 공간을 넓혀주기 위해 숨을 깊이 들이마신다.
5. 견갑골을 부드럽게 아래로 내려주면서 상체를 정사각형으로 만들어 준다. 팔꿈치는 다시 천장을 향하도록 한다.
6. 팔을 머리 위로 뻗어 스트레칭한다.
7. 다른 쪽으로 굽히면서 다시 시작한다.
8. 각각 2–3회 반복한다.

손가락 끝의 위치는 스트레칭을 위한 손의 위치에 둔다.

팔꿈치가 천장을 향하도록 한다.

회전할 때 흉골이 부드러워진다고 상상한다.

다시 가슴을 펴준다.

스트레칭을 추가한다.

팔을 머리 위로 올리면서 허리를 세우고 앉는다.

알아두기

이러한 회전 운동에서는 강한 스트레칭 없이 쉽게 회전할 수 있다. 폐를 확장하는 방법을 사용하여 안쪽에서 갈비뼈 부근을 스트레칭 해보자. 회전할 공간을 만들기 위해 호흡을 사용하고 항상 길게 늘리는 것을 생각하고 골반은 움직임을 위해 떨어뜨린다.

레슬러 스트레칭(S)

The Wrestler's Stretch(S)

척추 측만증이 있다면, 척추 회전의 비대칭, 제한된 관절 영역 및 엉덩이 범위의 차이를 항상 알 수 있을 것이다. 다음의 운동은 이런 문제들에 도움이 된다.

1. 척추 중립 상태로 4점 무릎 꿇기 자세를 한다.
2. 한쪽 다리를 엉덩이 옆으로 펴주고 다른 부분은 변경하지 않는다. 다리를 너무 빼지 않는다.
3. 숨을 내쉬면서 편 다리 쪽의 팔을 몸통 아래로 내려 팔로 척추 주변의 갈비뼈를 감싼다고 생각한다.
4. 숨을 들이쉬면서, 팔을 다시 펴서 천장을 향하도록 한다.
5. 골반의 평형을 유지하도록 한다.
6. 각 팔에 대해 2–3회 반복한다.

4-점 무릎 꿇기 자세에서 척추 중립을 확인한다.

한 다리를 2번 자세로 편다.

팔을 몸통 아래로 하여 몸의 긴 나선형을 느껴본다.

팔을 다시 들어 천장을 향하도록 한다.

TLC

일반적으로 척추 측만증인 사람들은 조작이나 무거운 운동보다는 부드러운 움직임과 스트레칭을 선호한다고 생각한다. 척추를 움직여보면 다시 뒤틀린 상태로 돌아가려고 할 것이다. 척추를 풀어주는 것을 참다보면 점차 자연스러워짐을 느끼게 될 것이다.

이 모든 운동을 통해 머리의 정수리에서 미골까지 척추를 통해 길이를 유지하도록 노력하라. 회전할 때도 척추의 중심을 유지하도록 노력하라.

마지막으로, 부드러운 운동을 주기적으로 유지하면 얻게 될 유익이 많다. 척추 측만증은 당신의 능력을 방해하지 않을 것이다. TLC가 조금 더 필요할 뿐이다.

힘과 움직임 사이의 균형을 유지하면 아름다운 선이 자연스레 따라온다.

제5장

강력한 기반 다지기: 다리 운동

BUILDING A STRONG FOUNDATION: FOOTWORK

발은 무용의 기반 도구이다. 근력과 기동성은 둘 다 필요하며 항상 발을 돌보는 것은 통증이나 부상이 있을 때 뿐 아니라 긴 경력을 유지하는 데 필수적이다.

나는 발로 하는 운동을 좋아한다. 무용수의 발의 움직임은 얼굴선처럼 효과적으로 그들의 이야기를 전달한다. 무용수의 바닥의 관계는 발 뼈의 힘과 관절을 통해 전달된다. 이 강한 기반이 없다면 무용수는 바닥에 묶여 있게 된다. 발가락은 추진 사슬의 마지막 부분이며 발 운동은 속도, 균형 및 방향 기술뿐만 아니라 무용수의 고도를 향상시킨다.

다음의 운동들은 수년 동안 앙 뿌엥뜨(en pointe)에 시간을 들인 사람들뿐 아니라 발 부분의 보호가 약한 남성 고전 무용수들, 맨발로 작업하는 현대 무용수들을 위한 것이다.

앉아서 하는 운동부터 시작한다. 어떤 운동은 서서 할 때도 유용하지만 앉아서 시작함으로써 상세한 내용을 관찰할 수 있다.

이 운동들은 발목과 고유 감각운동, 종아리 복합 운동과 함께 이뤄져야 하므로 종아리에 대한 몇 가지 제안도 포함된다. 바닥에 땅을 딛고 떠날 수 있는 추진력을 제공하는 강력하고 표현력 있는 발은 무용의 필수 도구이다. 발은 부상이 많은 지점이므로 충격 흡수성, 유연성 및 정렬 유지를 위해 정기적으로 주의를 기울여야 한다.

발 운동 EXERCISES FOR THE FEET

도밍 Doming

이 일반적인 운동은 잘만 수행하면 가장 효과적인 운동 중 하나이다. 대부분의 무용수들은 청소년기에 이 운동을 배우고 나중에 충분히 주의 깊게 검토하지 않는 경향이 있다. 어떤 사람들은 '짧은 발'이라고 부르는데 실제로 가장 흔한 실수는 발을 불필요하게 짧게 만들고 발목 앞쪽에 너무 많은 긴장을 사용하는 것이다. 나는 발허리뼈 아치가 올라감에 따라 첫 번째와 다섯 번째 발가락이 조금 더 가까워지는 것을 생각하면서 댄서에게 발을 약간 좁히도록 지시하는 것을 선호한다.

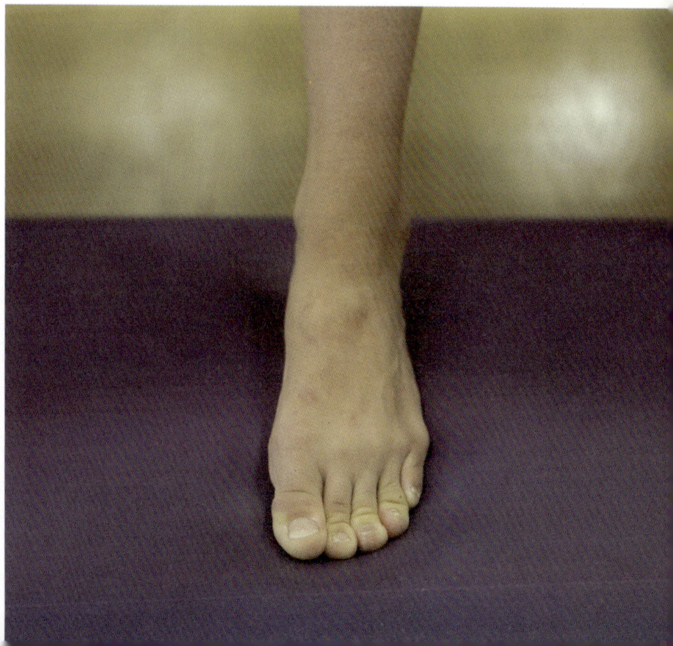

발가락에 주름이 있는지 확인한다.
내측 아치를 따라 활성화를 느껴야 한다.

1. 1–2초간 발가락을 돔형으로 만들었다가 천천히 펴는 것을 20회 반복한다.
2. 발가락은 길고 잘 정렬되어 있어야 하며 발톱이 보여야 한다. 발가락을 구부릴 필요는 없다.
3. 발가락 끝이 바닥에 달라 붙어 거의 흡인 느낌을 주어야 한다.
4. 바닥과 잘 접촉하고 돔 동작에 의해 형성되는 구조를 잘 관찰한다.

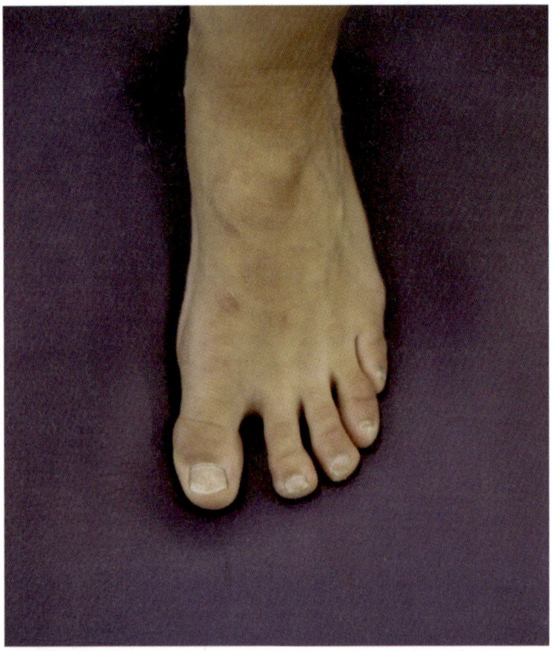

엄지발가락을 길게 하면서 정렬하고 발뒤꿈치의 중심을 유지한다.

엄지발가락 외전 Hallux Abduction

엄지발가락은 뿔리에에서 구르거나 튀어 나오는 것을 방지하는 데 도움이 되는 발 구조의 일부이다. 두 번째 발가락과 함께 드미 뿌엥뜨(demi pointe)에서 균형을 잡을 때 중앙 지지대를 제공하고 여성 댄서 앙 뿌엥뜨를 위해 상당한 체중 부하를 감당한다. 남성 무용수에게는 점프와 피루엣을 위해 중요한 부분이다.

이 운동은 두 발 동시에 할 수도 있고 한 번에 한 발씩 해도 된다.

1. 발의 다른 부분은 움직이지 않고, 엄지발가락만 바깥쪽으로 움직여 본다.
2. 발가락을 거의 움직일 수 없더라도 발의 안쪽 아치에서 약간의 활동을 볼 수 있다.
3. 발가락을 움직일 수 없는 경우 발가락을 바닥에서 들어 올린 다음 바닥으로 내려갈 때 다른 발쪽으로 펴 본다. 이렇게 하면 훨씬 쉬워진다. 미묘한 조절을 목표로 하는 것을 잊지 않는다.
4. 최소 10회 반복한다.

엄지발가락 압박하기

1. 가벼운 저항밴드를 접어서 엄지발가락 아래에 둔다.
2. 작업할 때 발가락의 정렬을 관찰할 수 있도록 밴드를 펼쳐둔다. 밴드는 발가락을 최적의 위치로 안내하는 데 사용할 수 있다.
3. 그네처럼 밴드로 지지하여 부드럽게 발가락을 들어 올렸다가 다시 내려준다.
4. 발가락을 늘려주고 발끝으로 매트나 바닥의 감촉을 느껴본다.
5. 발 전체의 공간을 만들어 보고 8–10회 반복한다.

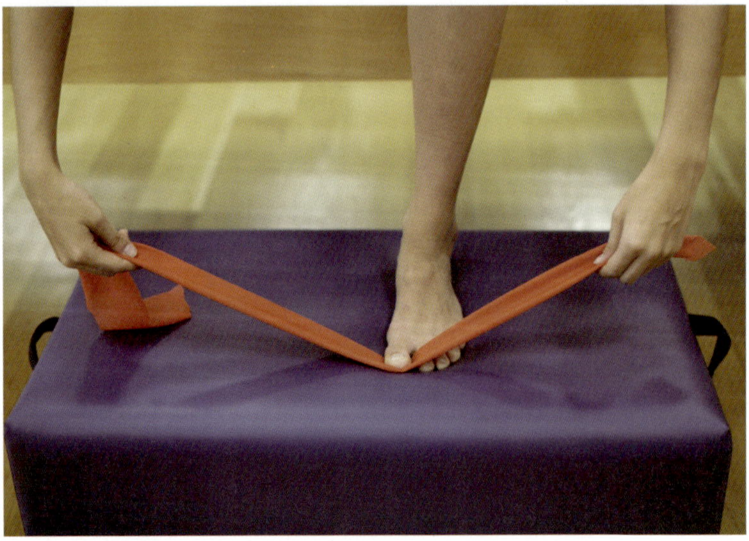

발가락을 관찰하고 움직여 줄 수 있도록 밴드로 발가락을 감지 않는다.

파도 모양 만들기 The Wave

모든 발가락을 바닥에서 떼고 발가락 사이를 벌린다. 다섯 번째 발가락부터 시작하여 엄지발가락까지 순서대로 발가락을 내린다. 각 발에 대해 8–10회 반복한다.

발 앞부분이 같은 평면에 있도록 한다. 비틀거림에 주의한다.

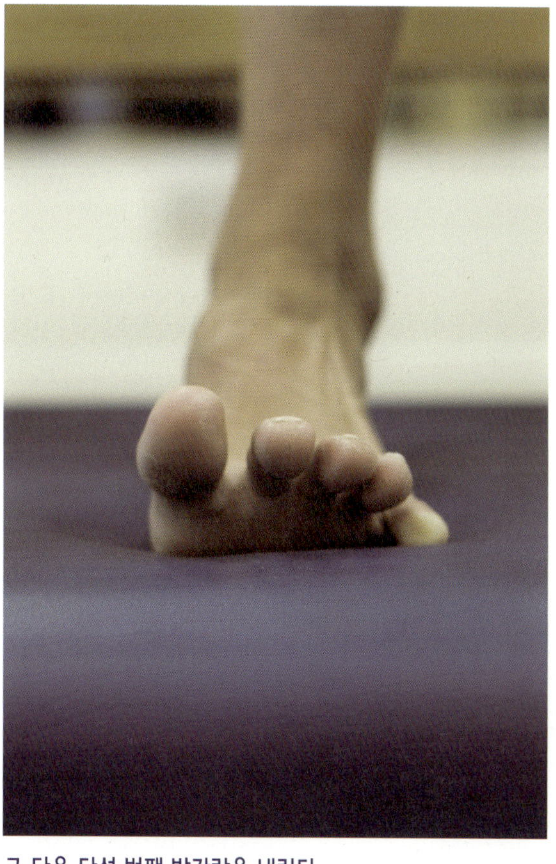

그 다음 다섯 번째 발가락을 내린다.

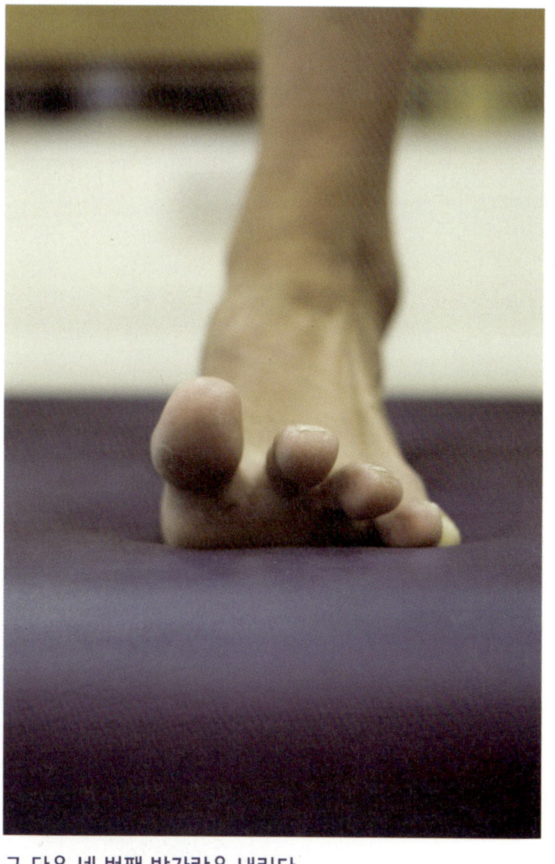

그 다음 네 번째 발가락을 내린다.

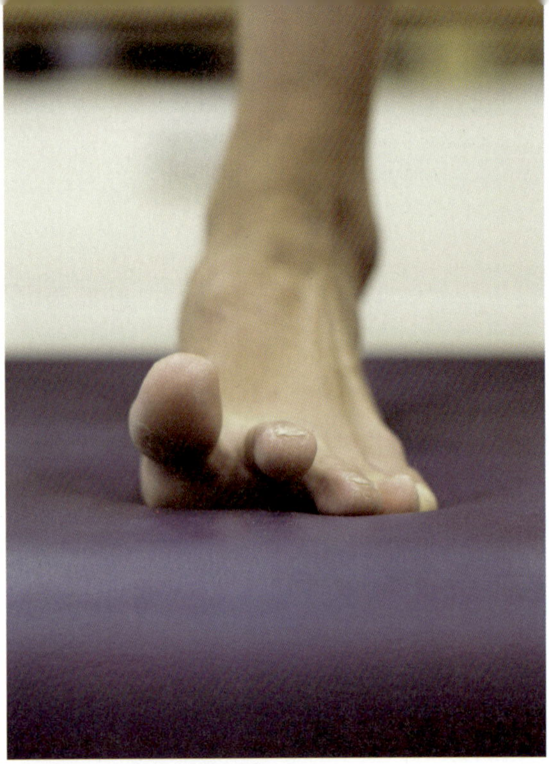

그 다음 세 번째 발가락을 내린다.

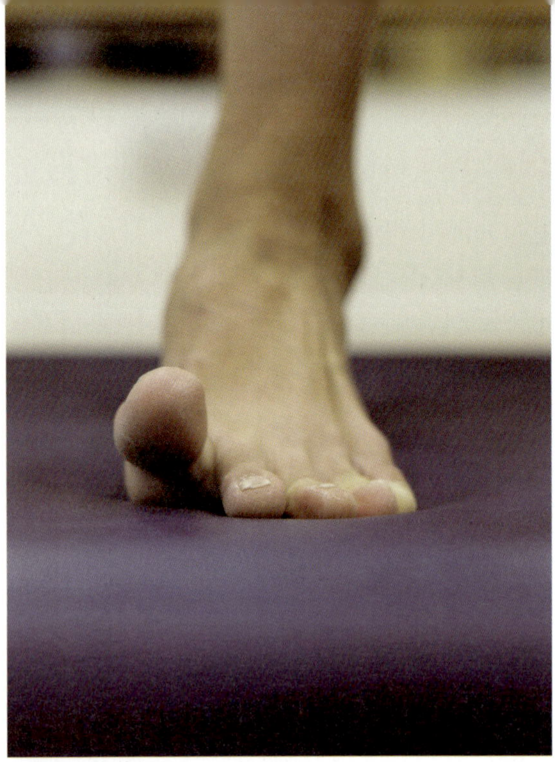

그 다음 두 번째 발가락을 내린다. 엄지발가락을 잘 정렬하고 바닥에 내린다.

두 단계 플렉스 Two-Stage Flex

1. 발가락을 전체를 바닥에서 떼고 구부리고 발목을 발등 쪽으로 구부릴 때 이 자세를 유지한다.
2. 발목을 풀어 원래 상태로 하고 발가락도 풀어준다.
3. 위와 같이 할 수 있으면 발목과 정강이에 약간의 피로가 느껴질 때까지 '위, 위, 아래, 아래' 템포로 운동한다.
4. 다리 아래의 정렬을 유지하고 좀 더 빠르게 해 본다.
5. 두 발 동시에 해 보고 한쪽 발이 다른 쪽보다 더 피로한지 살펴본다.

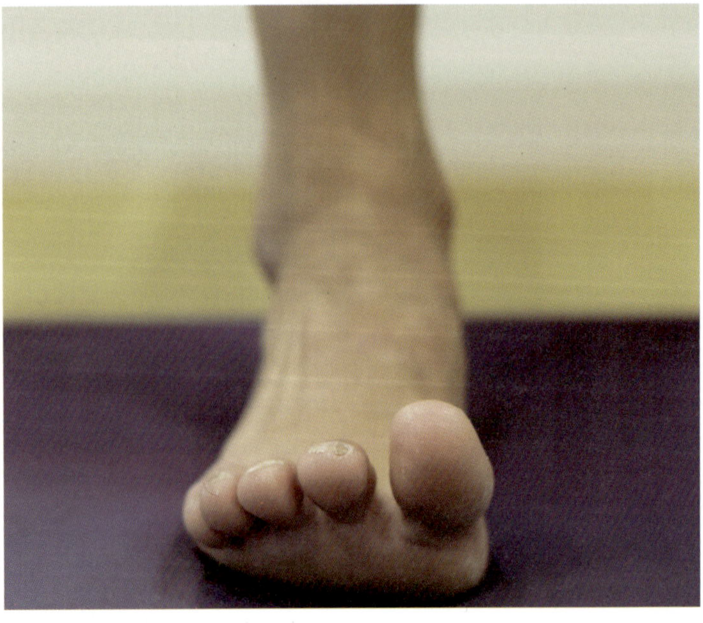

발의 양측을 균등하게 움직이도록 한다.

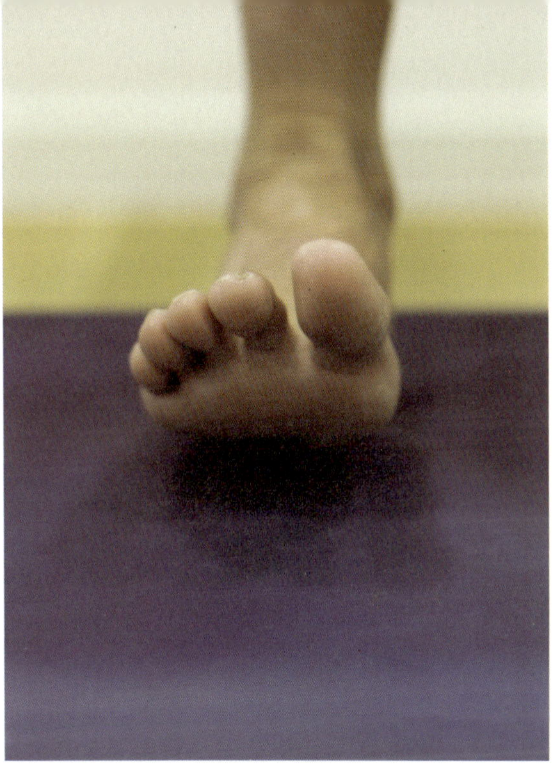

2번째 동작을 할 때 발 앞부분이 같은 선상에 놓이도록 한다.

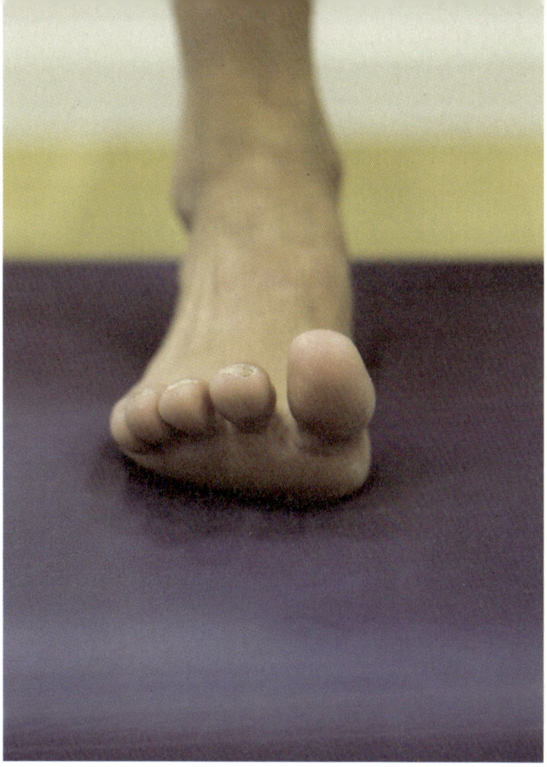

발가락을 다시 매트로 내리기 전, 첫 번째 자세로 발가락을 다시 낮춰준다.

플로우 The Flow

1. 앉아서 한 발을 약간 앞으로 밀어내어 무릎을 살짝만 굽힌다.
2. 발꿈치는 움직이지 않고 발 앞 부분을 부드럽게 올려준다.
3. 발가락쪽을 굽히면서 발을 내린다.
4. 발꿈치를 밀어내면서 돔 형태를 만들 때 가볍게 내재근을 사용한다.
5. 돔형을 만들 때 탄듀를 하듯이 바닥을 이용한다. 하지만 탄듀 자세를 다 할 필요는 없다.
6. 바닥을 약간 밀어주고 낮은 드미 뿌엥뜨를 통해 천천히 뒤로 흘려보내듯이 조절하면서 발허리뼈의 돔을 천천히 풀어준다.
7. 발가락이 다시 편평하게 이완된 발로 돌아가면서 발 앞 아래 부분이 길어지는 것을 느껴야 한다.
8. 운동의 한 단계에서 다음 단계까지 부드러운 동작을 유지하고 움직임을 멈추지 않는다. 양발에 대해 10회 반복한다.

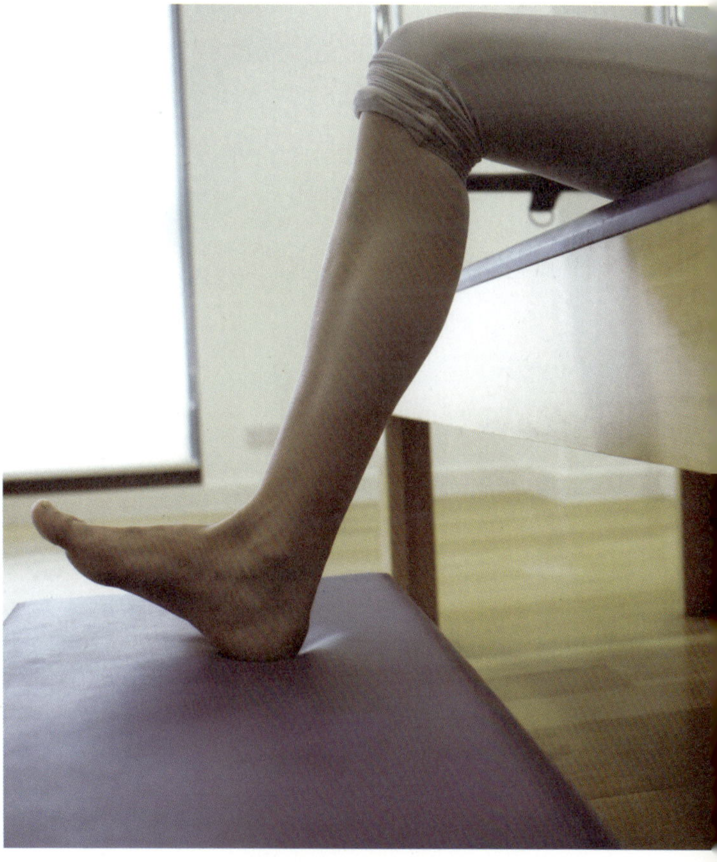

발목을 등쪽으로 굽힌다.
발가락은 이완된 상태를 유지한다.

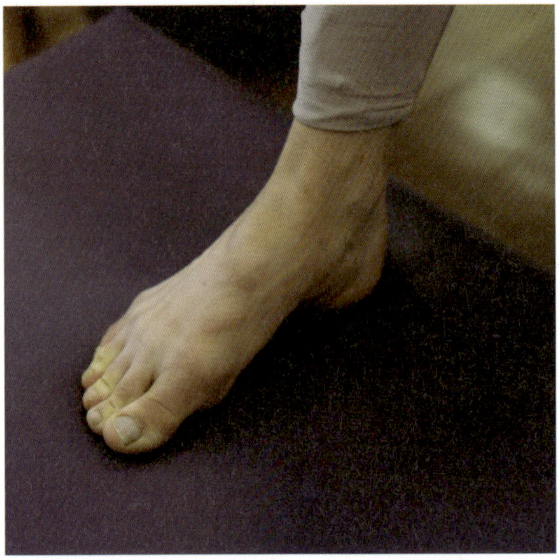

발 앞쪽을 바닥쪽으로 굽힌 후, 천천히 돔형을 만든다.

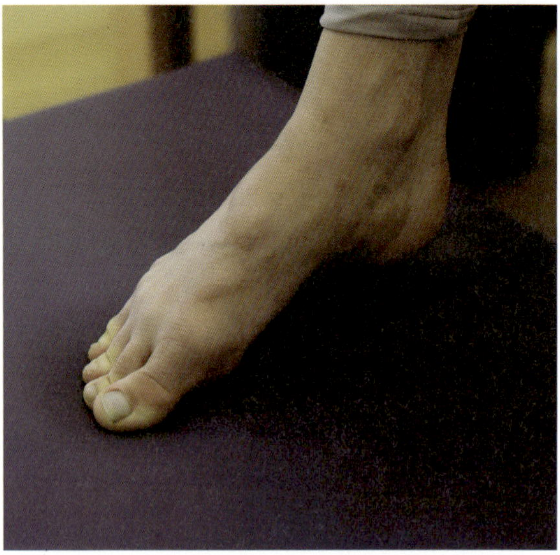

발뒤꿈치를 바닥에서 들 때 발가락을 활동적으로 유지한 다음, 발뒤꿈치를 내리면서 발가락을 풀고 길게 늘린다.

앉아서 하는 이중 탄듀 Seated Double Tendue

이 운동은 발의 내측과 엄지발가락 외전근을 강화하는 데 도움이 될 것이다.

발을 나란히 하여 엄지발가락을 붙이고 발목이 정렬하여 양쪽 다리를 구부린 상태로 바닥에 앉는다.

천천히 두 다리를 펴고 접촉을 유지한다. 처음에는 다리를 완전히 펴지 않아도 걱정할 필요 없다.

다리의 중간부분을 전반적으로 사용한다.

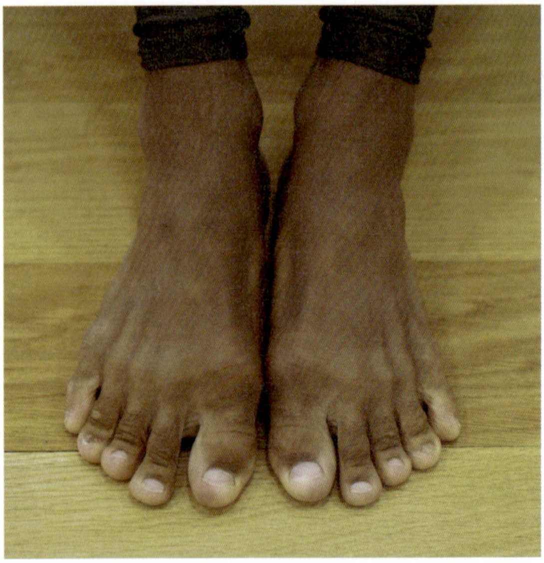

시작하기 전 양발이 잘 정렬되도록 한다. 가볍게 발 허리뼈를 사용하고 엄지발가락을 같이 움직이도록 한다.

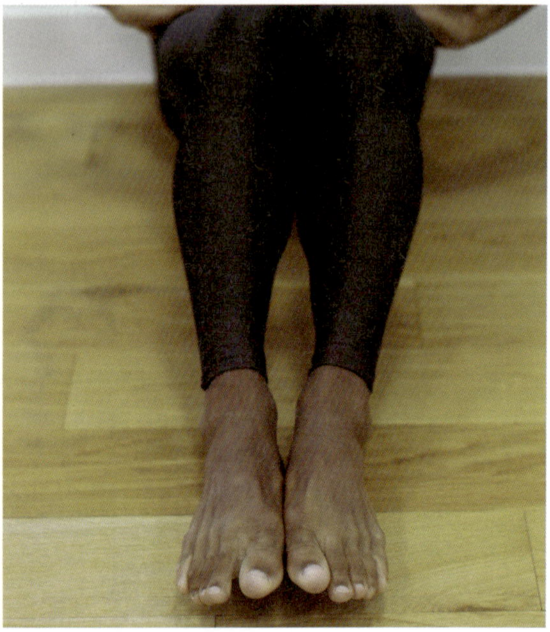

다리를 천천히 스트레칭 한다.

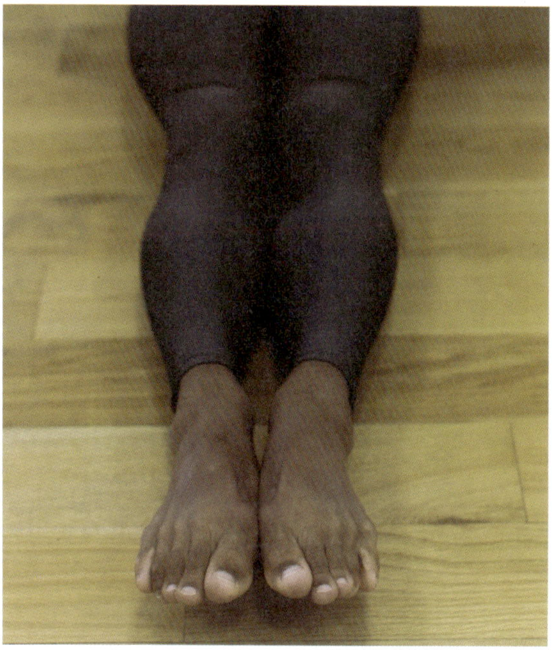

엄지발가락을 바깥쪽으로 돌리는 것은 쉽지 않다!

종아리 운동 CALF EXERCISES

앉아서 하는 가자미근 운동 Seated Soleus

발의 움직임을 향상시키는데 있어서 종아리 운동을 무시할 수 없다. 가자미근은 뿌엥뜨와 점프에 매우 중요한 근육으로 특히 뿌엥뜨에서 내려오는 것을 조절하거나 점프에서 착지할 때 중요하다.

1. 무릎을 90°로 구부려 앉고 다리를 정렬한다. 처음에는 거울을 보면서 하는 것이 도움이 된다.
2. 발목 관절에 고정되지 않고 거의 완전한 드미 뿌앙떼 자세로 올린다.
3. 양 발꿈치를 천천히 부드럽게 바닥으로 내린다. 전체적으로 움직임의 속도를 균일하게 유지한다.
4. 저항을 위해, 가벼운 바벨을 다리 위에 놓거나 팔꿈치를 허벅지에 두어 상체 무게를 다리에 가한다.
5. 떨림없이 전체 움직임의 유동적 조절을 유지한다.
6. 20회 반복한다.

종아리 들어 올리기 Calf Raises

내가 여기서 줄 수 있는 최선의 권장 사항은 호주 발레단의 프로그램이 몇 년 동안 해왔던 것처럼 매일 배럴 끝에서 한 다리 들기를 포함하는 것이다. 이는 병렬로 수행되어야 한다. 자신의 움직임 범위 끝까지 올라가서는 안되며, 전체 3/4 지점보다 약간 낮은 위치에서 멈추고, 내재근을 사용하고 긴 발가락을 유지하는 것을 기억하면서 항상 적당한 템포를 유지한다.

저항을 주기 위해 상체를 허벅지에 기댄다.

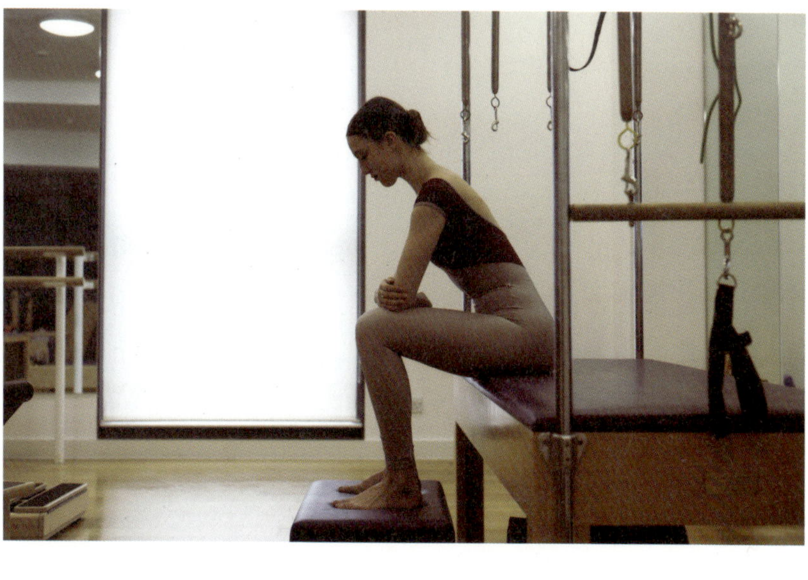

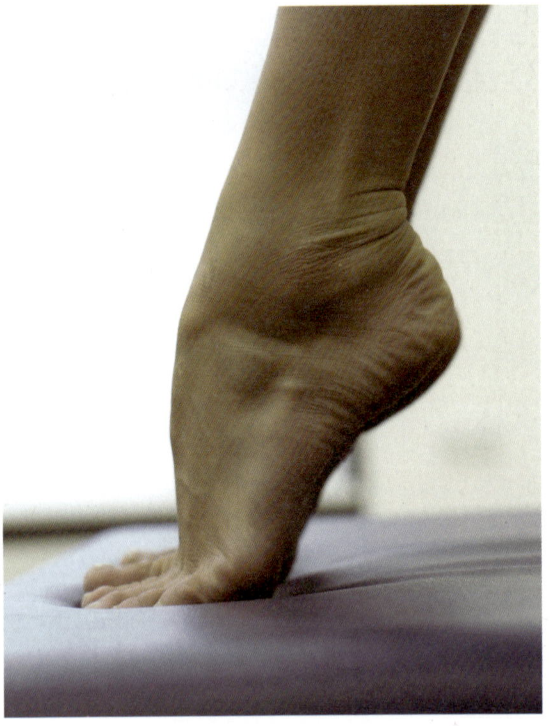

앉아서 하는 가자미근 운동: 거의 3/4 지점에 도달하지만 범위의 끝까지 도달하지는 않는다. 뒤꿈치가 다시 바닥으로 내려오는 속도를 조절한다.

맨발로 작업한다면 발 밑에 작은 매트를 두어야 한다. 처음에는 10회 반복으로 시작하고 점차 20회로 늘린다. 가능하면 25회까지 늘린다. 발 움직임이 원활한 경우, 무릎을 과도하게 펴거나 엉덩이에 앉지 않도록 주의한다. 낮은 둔근도 같이 작업해야 한다.

캐딜락에 앉아서 하는 가자미근 운동

Seated Soleus on a Cadillac

종아리 운동을 위해 캐딜락을 이용할 수 있다면, 앉아서 하는 가자미근 운동은 매우 유용하며 병렬 수행이나 외회전도 사용할 수 있다.

이 운동은 트랩 바를 사용한다. 트랩바를 제일 높이 올리고 안전 스트랩이 먼저 씌워졌는지 확인한 다음 아래에서 스프링을 부착하고 트랩바 또는 타워 끝을 향한 상자에 앉는다. 바는 무릎 바로 위의 허벅지에 놓일 것이다. 이는 양발 또는 한 발씩 수행할 수 있다.

1. 발꿈치를 상당히 낮은 드미 뿌엥뜨로 올렸다가 천천히 부드럽게 다시 내려준다.
2. 내재근을 사용하여 발가락을 길게 해주어야 한다. 두 번째 발허리뼈를 통해 체중부하가 정렬되어야 한다.

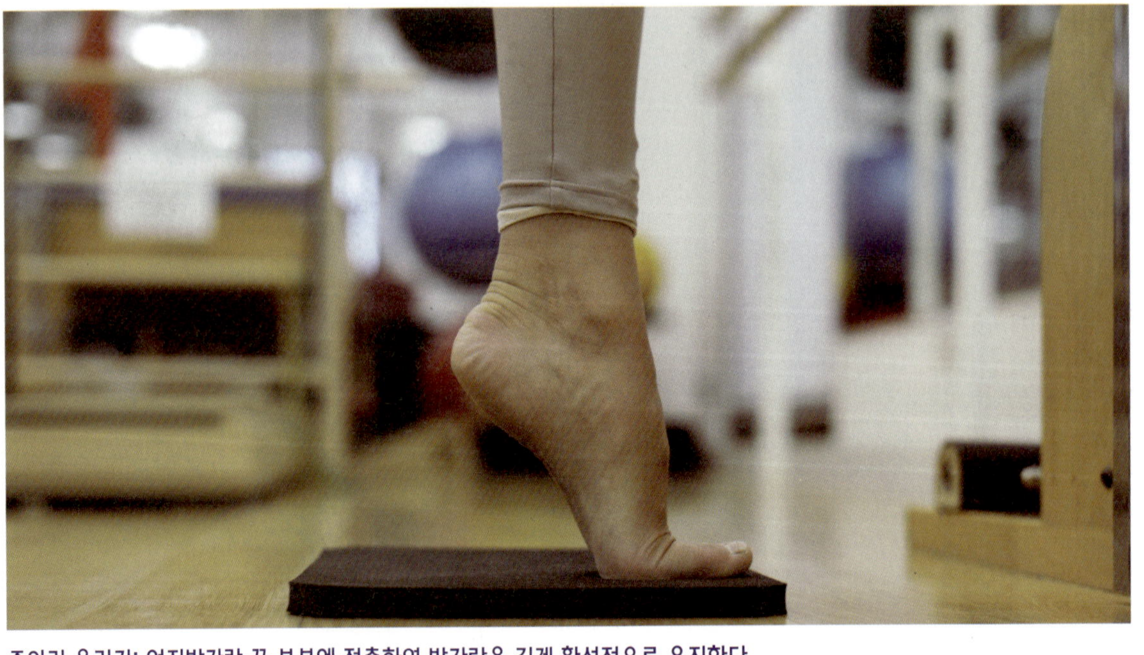

종아리 올리기: 엄지발가락 끝 부분에 접촉하여 발가락을 길게 활성적으로 유지한다.

스프링을 부착하기 전에 안전 스트랩이 있는지 확인한다. 전체 범위로 움직이지는 않아도 된다.

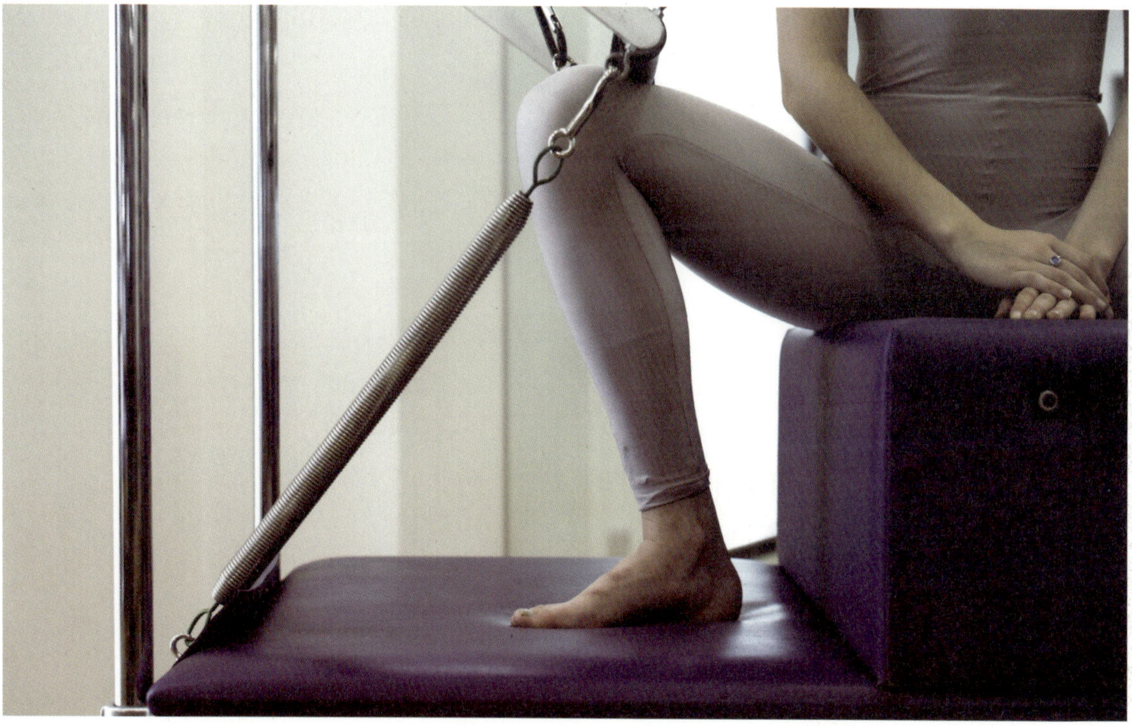

상자 위에 두 다리를 벌리고 앉아서 외회전으로 수행할 수도 있다.

엉덩이부터 발까지 정렬을 잘 유지한다.

3. 무게를 너무 많이 실을 필요는 없다. 적당한 스프링 저항을 이용하되 여러번 반복한다.

종아리에 피로감이 느껴질 때 관찰해 본다. 이는 일반적으로 특정 근육의 감각보다는 떨리는 것처럼 보인다. 스프링은 빨강 하나 또는 초록 하나를 권장한다.

캐딜락에 누워서 하는 종아리 운동들

Supine Calf Series on a Cadillac

캐딜락을 이미 사용하는 사람들은 트랩바 아래에서 삘리에나 종아리 작업을 할 것이다. 이는 많은 무용수들에게는 익숙한 일이다.

여기에 추가할 수 있는 유용한 기능은 발레에 필요한 모든 종아리 및 발목 움직임의 조합을 통합한 종아리 운동들이다. 이것은 병렬로 수행할 수 있으므로 정렬을 더 쉽게 확인하거나 외회전에서 확인할 수 있다.

이 운동은 대부분의 다른 운동과 템포가 다르다. 나는 일반적으로 상대적으로 느리게 시작한 다음 조정이 이루어지면 훨씬 빠르게 작업하도록 템포를 올리라고 권한다. 대부분의 필라테스 컨디셔닝은 중간 속도로 수행되어 상세 내용에 집중할 수 있다. 그러나 무용에서는 모든 무용이 아다지오는 아니므로 속도도 필요하다. 이 운동들은 특히 최대 속도로 돌아갈 필요가 있을 때 유용하다.

1. 트랩바 아래에 천장을 보고 눕는다. 트랩바가 아래에서 올라오므로 안전띠를 먼저 착용해야 한다.
2. 두 다리를 천장쪽으로 향하고 90° 각도로 하여 자신에게 맞는 자세를 찾는다.
3. 트랩바를 들어 올리면서 엉덩이부터 발목까지의 선을 확인한다. 서 있을 때와 똑같은 선을 이룬다고 상상해 본다.
4. 한 발을 빼어 의자 위로 길게 뻗는다.
5. 작은 퐁듀 자세를 하고(무릎을 너무 많이 굽힐 필요는 없다) 드미 뿌엥뜨까지 올라간다.
6. 퐁듀를 다시 하고 발목을 풀어준다. 다시 드미 뿌엥뜨로 올라가는 동안 무릎 굽힘을 유지한다.
7. 다리를 다시 스트레칭하고 무릎은 편 상태를 유지한다. 발목을 접고 한 다리는 곧게 편다.
8. 할 수 있으면 속도를 높여가며 이 과정을 8-10회 반복한다.

이 운동을 할 때는 정렬과 속도에 집중한다. 외회전으로도 수행할 수 있다. 스프링은 초기에 빨강 하나 또는 초록 하나를 권장한다.

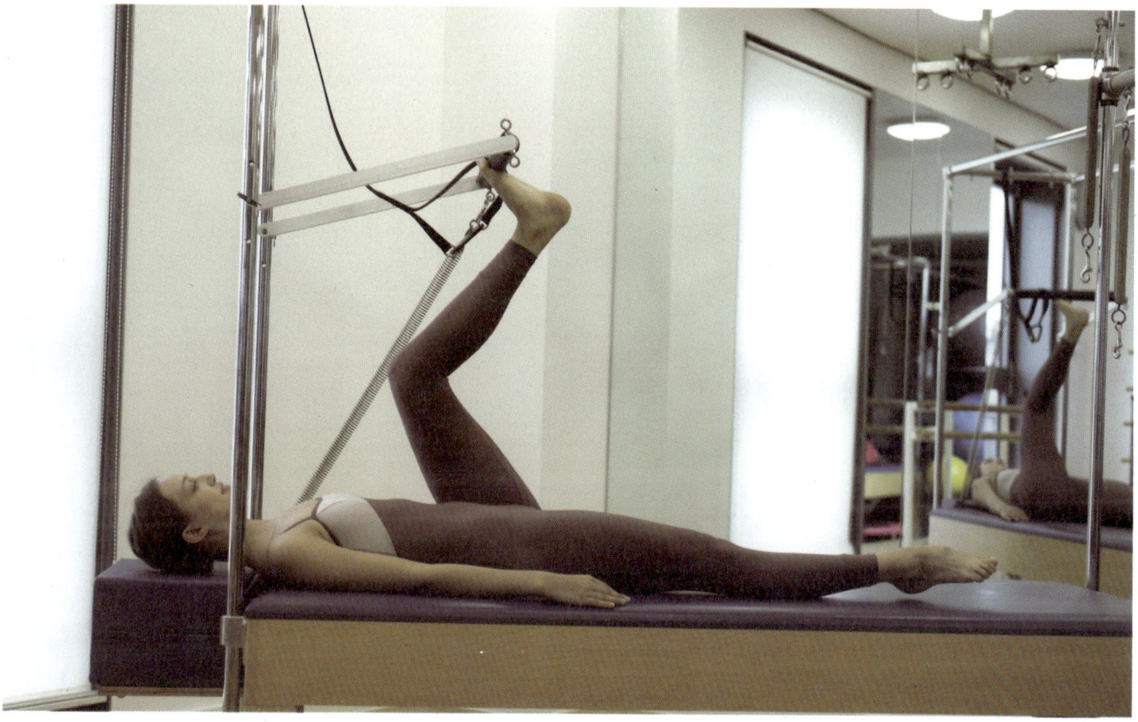

이 운동을 할 때는 항상 우선 병렬로 한다.

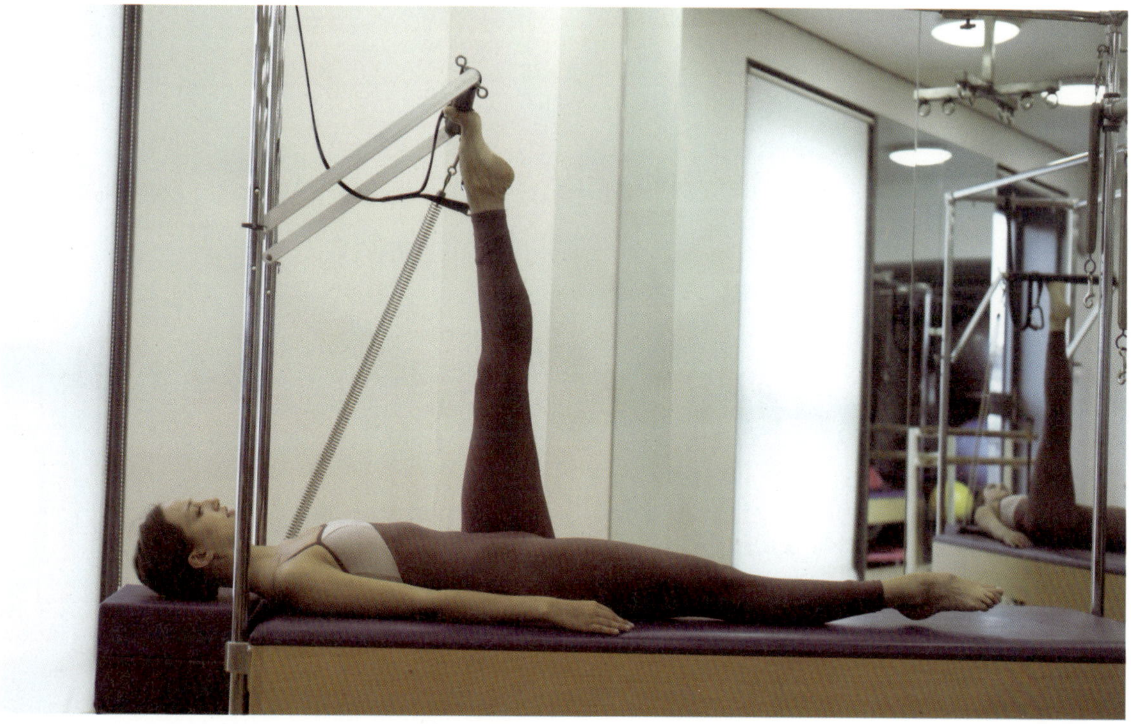

체중이 두 번째 발허리뼈를 통해 자리잡고 있는지 확인한다.

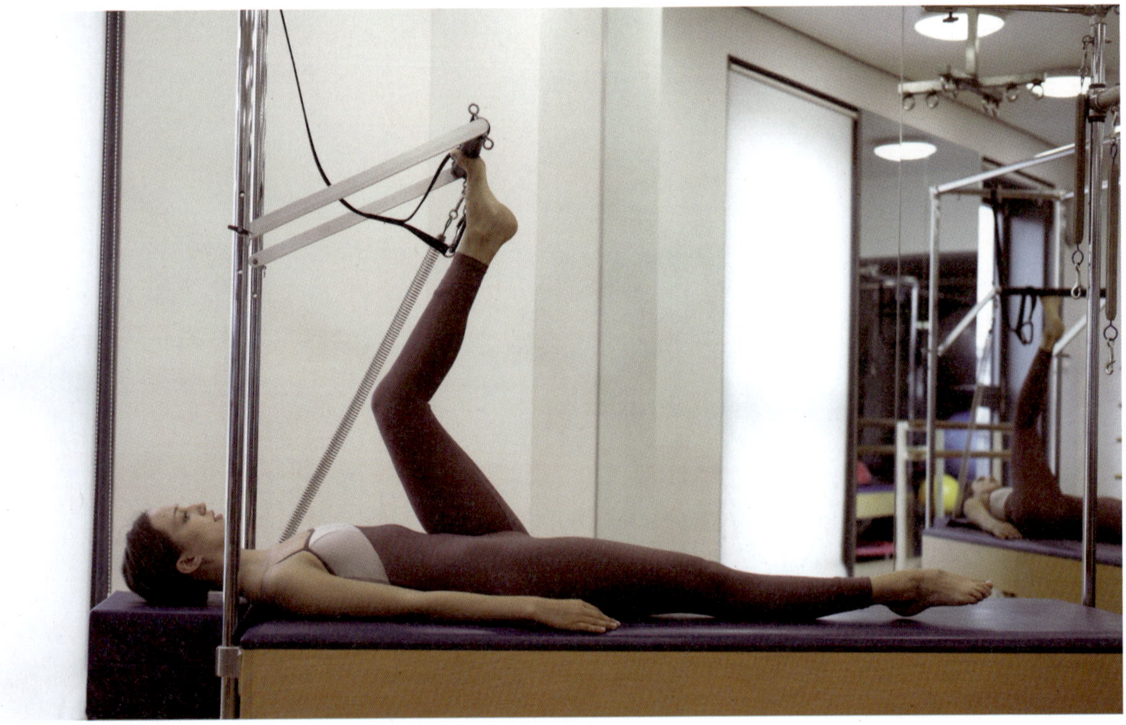

무릎은 약간만 굽히고 이 단계에서 가자미근을 통해 조절하도록 한다.

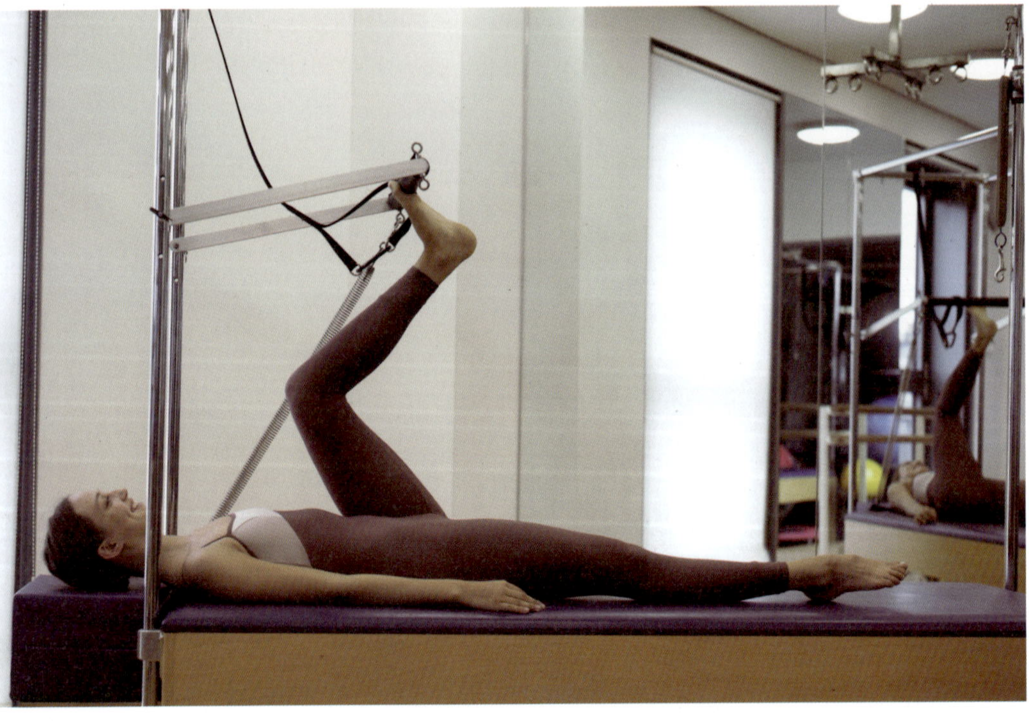

발꿈치를 바닥쪽으로 낮춰준다고 생각한다.

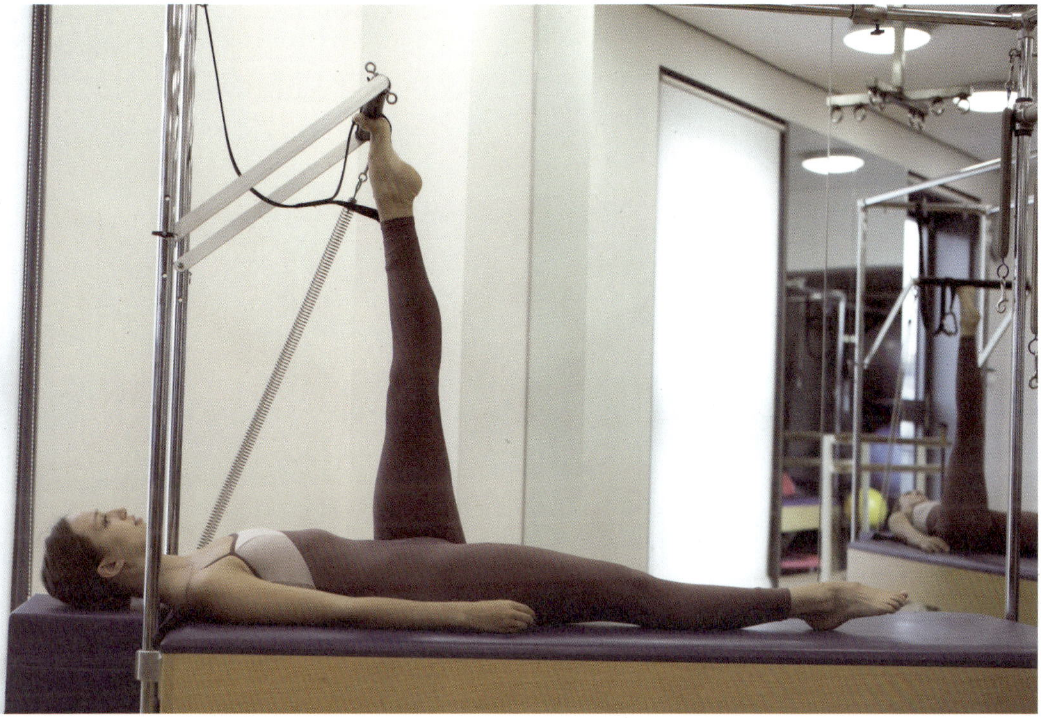

자신이 할 수 있는 범위까지 최대한 뻗는다.

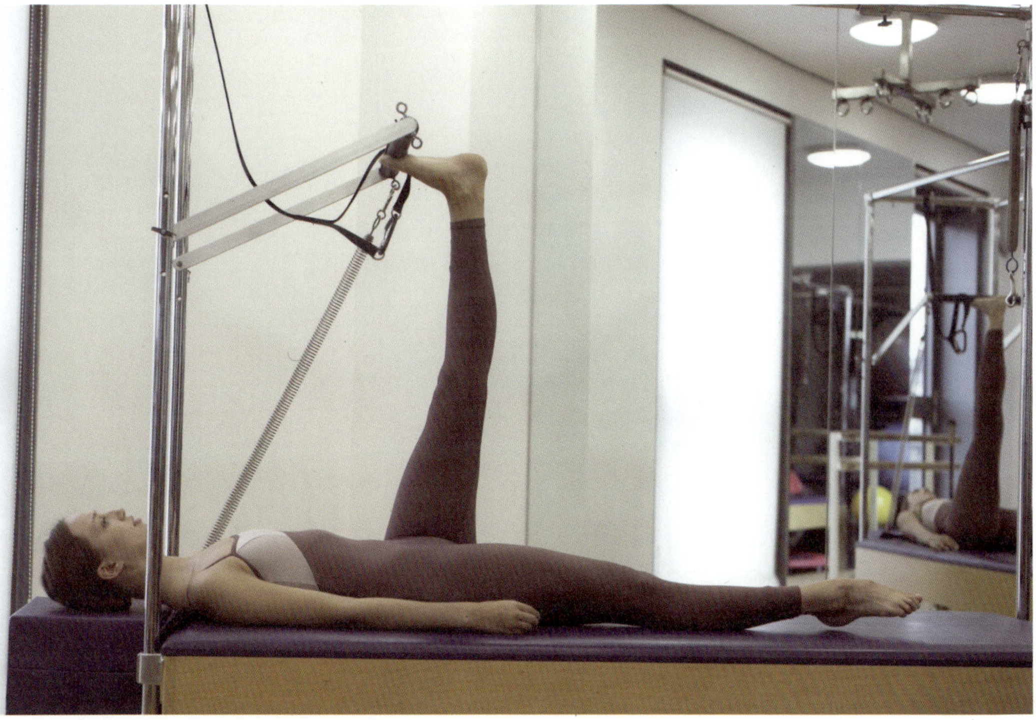

이제 발목을 풀어준다. 스트레칭이 되는 것을 느낄 것이다.

다리를 다시 들어 올리면 과정을 다시 반복할 준비가 된 것이다.

안으로 밖으로 'Ins' and 'Outs'

이 운동은 캐딜락을 사용할 수 없을 때 대체할 수 있는 가장 좋은 운동이다. 이는 호주 발레단에서 일했던 파울라 베어드 콜트(Paula Baird-Colt)가 만든 것으로 내가 다른 무용수들에게 전해주었다. 발목 전반의 안정성과 정렬 향상을 위해 이보다 더 나은 방법은 없다. 발레 바에 묶을 가벼운 저항 세라밴드만 있으면 된다.

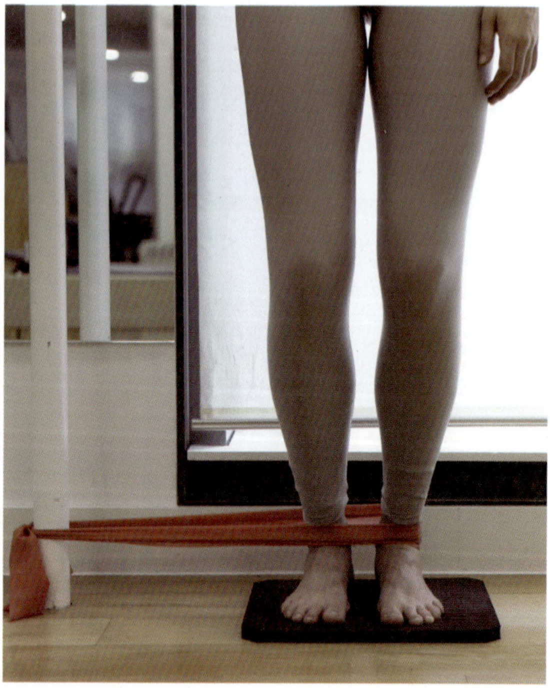

밴드가 고정된 지점의 측면에 직접 자리를 잡고 평행하게 쁠리에를 한다.

1. 밴드릴 바에 묶고 매듭은 바쪽에 있게 하여 발목 부분에 매듭이 있지 않게 한다.
2. 발 밑에 패드가 있는 매트가 있으면 좀 더 편하게 할 수 있다.
3. 양쪽 발을 밴드 안쪽에 평행하게 정렬하고 바깥 쪽 발목이 밴드의 저항을 인식할 때까지 바에서 물러난다.
4. 드미 쁠리에를 하고 낮게 들어올리기를 8회 한다.
5. 안쪽 발을 바닥에서 떼고 바깥쪽 발을 8번 들어 올린다. 자신의 범위 최대치까지는 하지 않는다.

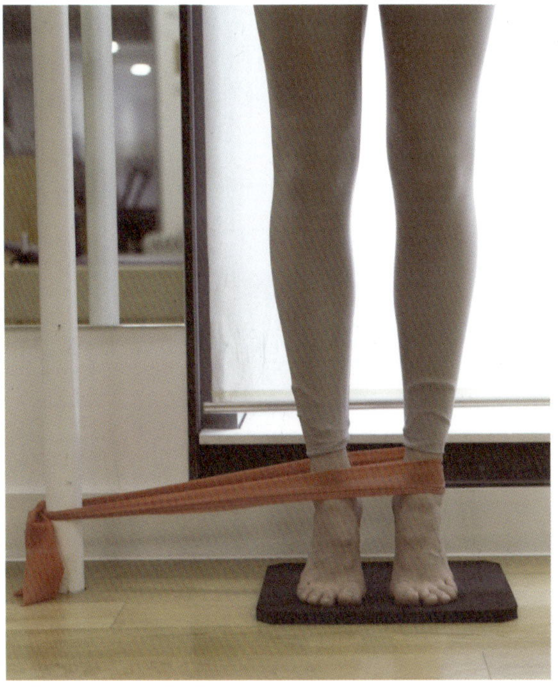

두 발을 동시에 들어 올린다. 바깥쪽 발목에 더 힘이 들어감을 알 수 있다.

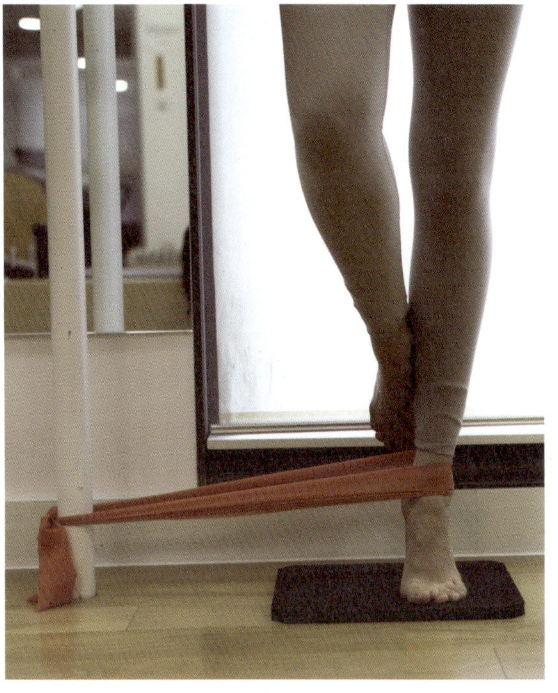

발을 들어 올릴 때 체중이 두 번째 발가락에 실린다고 생각한다.

안쪽 발로 바꾸고 들어준다.

6. 같은 방향으로 향하고 다른 발로 바꿔 밴드가 이제 발목 안쪽에 오도록 한다. 다시 들고 8회 반복한다.
7. 다른 방향을 보고 모든 과정을 반복한다.
8. 발목 강도의 차이에 따라 한쪽 발목이 다른 쪽보다 더 어렵다는 것을 발견하게 될 것이다. 약한 쪽에 대해 더 많이 반복한다.

균형 패드 사용하기 Using a Balance Pad

파란색 균형 패드는 전 세계의 무용 스튜디오와 물리치료실에서 흔히 볼 수 있다. 다양한 균형/고유감각 운동에 사용할 수 있으며 단단한 바닥에서 4점 무릎 꿇기 작업을 할 때 무릎을 위한 훌륭한 패드이다.

다음의 자세들은 한 다리로 하는 것으로 좋은 점이 많다. 이 운동들은 발목 안정성을 향상시키는 것처럼 보이지만 실제로 엉덩이 근육을 사용하고 다리 전체의 조절 사슬을 향상시킨다. 이 운동은 병렬로 하거나 외회전으로 수행할 수 있다.

1. 균형 패드 위에 한 다리의 발뒤꿈치만 올리고 선다.
2. 두 번째와 네 번째 발허리뼈와 발뒤꿈치 패드의 중앙의 무게 배치 삼각형을 발 아래에서 느껴본다.
3. 약 30초 동안 균형을 유지하면서 발목 앞부분을 최대한 편안하게 유지하고 발가락을 길게 유지한다.
4. 두 번째 발가락 위로 무릎의 정렬에 유의하면서 퐁듀를 8회 수행한다.
5. 아웃을 위해 패드의 옆 모서리에 서서 반복한다.

발꿈치에 체중을 느끼면서 발가락을 길게 유지한다.

발뒤꿈치 중간에 머물면서 발가락 끝까지 닿는 것을 느껴본다.

앙 뿌엥뜨 (en pointe).

제6장

날아오르기: 점프와 착지
TAKING FLIGHT: JUMPING AND LANDING

점프는 대부분의 무용 수업과 공연에서 큰 부분을 차지한다. 고전 발레에서는 종종 파 드 되(pas de deux)의 하이라이트를 제공하며, 남녀 모두에게 가장 흥미로운 변형과 레퍼토리의 코다(codas)를 제공한다. 보다 현대적인 무용에서 점프는 종종 땅을 빠르게 짚고 공간을 여행하는 혁신적인 방법으로 바닥에 반응하는 것이다.

일부 무용수는 높이 뛰어오르기 위해 고군분투 할 것이며 골반과 윗다리를 통해 힘을 쌓는 것이 도움이 될 것이다. 어떤 이들은 발과 발의 하부 운동을 강화해야 한다(5장 참조). 고전 발레에서 쁘띠 알레그로(petit allegro)에는 특히 그렇다.

부상을 방지하려면 착지 역학 작업이 필수적이다. 대부분의 부상은 점프가 아닌 착지시 발생한다(특히 가자미근). 편성의 종아리(eccentric calf) 조절, 내측 무릎 바로 위에 있는 VMO (안쪽 넓은근, vastus medialis)의 기능에 세심한 주의를 기울여야 한다.

또한 부상으로 인해 또는 휴가 후 한동안 점프하지 않았다면 꾸준한 진행없이 점프하지 말아야 한다는 점을 강조하는 것도 중요하다. 무용 컨디셔닝에서는 '접촉'이라고 하는 숫자의 축적을 조절해야 한다. 전문 무용수를 위한 일반 수업, 리허설 및 공연 일정에 따라 각 사람은 일주일 동안 수백 번의 점프를 수행한다. 부상의 위험 없이 이토록 많은 작업양으로 빨리 돌아가는 것은 불가능하다. 점프를 매일 하지 않는 것도 좋은 방안이다. 한 주에 이틀 또는 점프 수를 많이 줄였다가 점차로 늘리도록 하자.

이 장의 운동들은 점프 기술의 지원하는 계획 유지의 일환이나 점프 프로그램으로 복귀하는데 유용하다.

준비 운동 PREPARATION EXERCISES

세라밴드로 병렬 또는 외회전 퐁듀
Fondues with Theraband in Parallel and External Rotation

1. 바 옆에 서서 세라밴드로 고리를 만들어 허벅지 중앙에 두른다. 중간 저항이 적당하다.

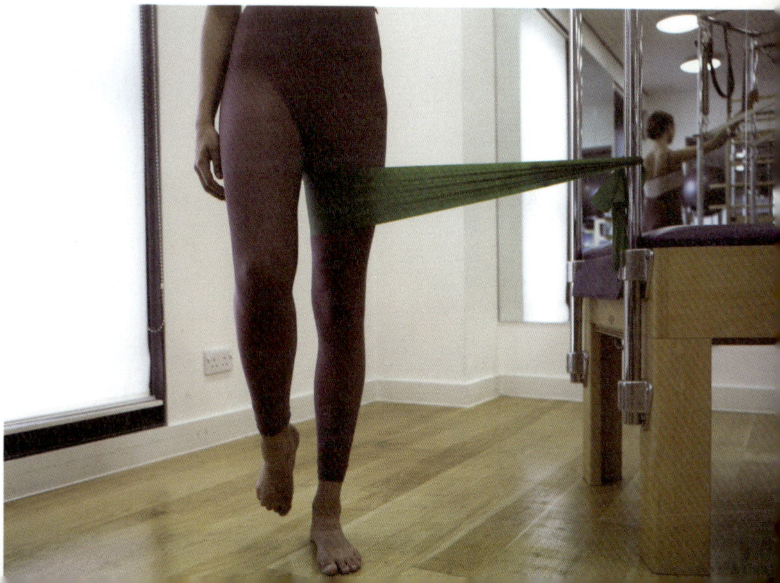

시작하기 전에 발을 통해 무게가 분산된다고 생각한다.

외회전에서는, 시작하기 전에 밴드가 고정된 위치에서 조금 더 멀리 떨어진다.

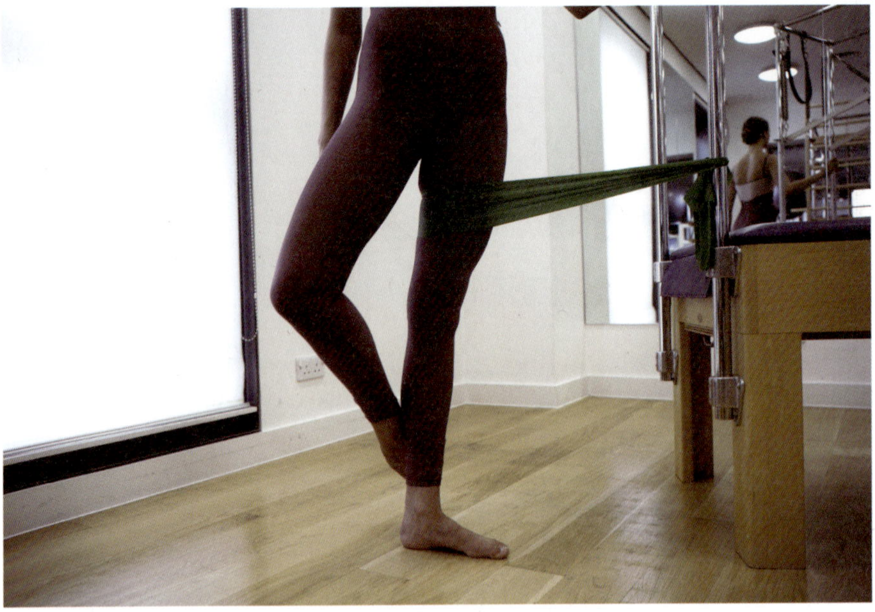

2. 몸이 바 쪽으로 당겨지는 느낌이 날 때까지 바에서 떨어져 선다.
3. 병렬로 서서 퐁듀를 8번 한다. 발 위로부터 무릎의 정렬을 관찰하고 엉덩이에서 대퇴골의 안정성에 집중한다.
4. 외회전으로 반복한다.
5. 무릎이 구부러지고 발 위로 무릎 선이 움직일 때 둔부 근육의 활성화를 유지한다.
6. 4–8회 반복한다.

발판 오르기 Step-Ups

무릎 높이나 그보다 낮은 발판이나 상자를 준비한다. 병렬 정렬을 유지하고 상자 위에 올라간다. 뒤로 한 단계 내려오는 것이 더 어렵다는 것을 알게 될 것이다.

발 전체가 상자 위에 있어야 한다.

정수리가 천장에 닿는다고 생각해 보자. 그렇게 하면 똑바로 길게 설 수 있다.

골반이 수평하게 직각을 이루도록 집중한다. 가능하면 거울을 보며 옆 자세를 확인하고 똑바로 선 발레 자세를 유지한다.

같은 다리로 10회 반복한 다음 다리를 번갈아 가며 해본다. 엉덩이로부터 몸을 세우고 바닥을 밀어내듯 선다.

착지 방법들 – 상자와 폼(Foam)

상자에 서서(필라테스 리포머 상자는 높이가 적당하다.) 균형 패드를 옆에 놓는다. 균형 패드가 미끄러지지 않게 하기 위해서 미끄럼 방지 매트를 사용하면 좋다.

처음에는 평행 정렬을 사용한다. 퐁듀를 할 때 무릎이 두 번째 발가락 위에 정렬되었는지 확인하는 유용한 방법이기 때문이다. 동작을 잘 하고 있는지 확인하기 위해 거울을 보며 한다.

1. 한 발은 상자에 올리고 다른 발로는 발가락을 패드 쪽으로 내리면서 천천히 작은 퐁듀를 한다.
2. 엉덩이는 최대한 평형을 유지한다.
3. 둔부 근육을 밀어주는 데 집중하면서 지지 다리를 빠르게 편다.
4. 8회 반복한다.

패드는 상자 바로 옆에 있어야 한다.

이 단계에서 발가락으로 패드를 눌러준다.

다시 한번 엉덩이의 평형을 유지하도록 한다.

실제로 상자에서 내려온 다음, 쁠리에로 무게를 옮기고 다시 밀어서 상자 위에 서 있을 수도 있다. 착지 단계에 들어가면 지지하는 다리의 발뒤꿈치를 들어준다. 천천히 퐁듀를 하고 다시 역동적으로 움직여 상자 위에 선다.

약간 외회전하여 이 과정을 반복한다.

1. 발을 내렸다가 다시 제자리로 돌아오기를 하기 전에 발가락으로 패드를 눌러 퐁듀를 하며 시작한다.
2. 이전과 마찬가지로 천천히 퐁듀를 한 다음 '착지' 하면서 체중을 옮겨준다.
3. 지지 다리를 빠르게 편다. 다시 말하지만, 둔근을 밀어주는 데 초점을 맞춰야 한다.
4. 8회 반복한다. 상자로 돌아와 선 자세를 할 때 점프를 한다고 생각한다.

리포머에서 VMO 펄스

VMO Pulses on the Reformer

리포머는 점프와 발 동작을 개선하고 무용수가 부상에서 복귀하여 점프를 수행하는 일을 돕는 멋진 도구이다. 리포머를 사용할 수 있다면, VMO 펄스는 이런 목적을 이룰 수 있는 최고의 운동이라고 할 수 있다. VMO 펄스는 정렬, 기능, 근육의 지구력, 타이밍, 협업에 도움을 준다.

이 운동은 평형으로 또는 외회전으로 수행할 수 있다. 나는 보통 첫 세트에서는 평형으로 두 번째 세트에서는 외회전으로 하는 식으로 번갈아 가면서 하는 것을 권장한다.

무게 중심을 다른 발로 옮길 때 상자 위의 발뒤꿈치를 들어준다.

1. 점프 보드 위에 한 다리로 서고 무릎은 살짝 구부린다.
2. 무릎을 굽힌 상태에서 적절한 타이밍에 약간의 악센트를 주면서 무릎에 반동을 준다.
3. 20-30초 정도로 시작한다. 적응이 되면 45초 정도로 늘린다.
4. 강도를 높이기 위해 각 펄스 세트 후에 정적 수축 운동(isometric)을 추가할 수 있다. 펄스 동작을 수행하는 시간만큼 자세를 유지한다.
5. 발란세(balancé)를 하면서 무릎 동작을 부드럽게 유지한다.

스프링은 빨간색 2개, 파란색 1개를 권장한다. 남자는 더 무겁게 할 수 있다(예: 초록 2개, 파랑 1개).

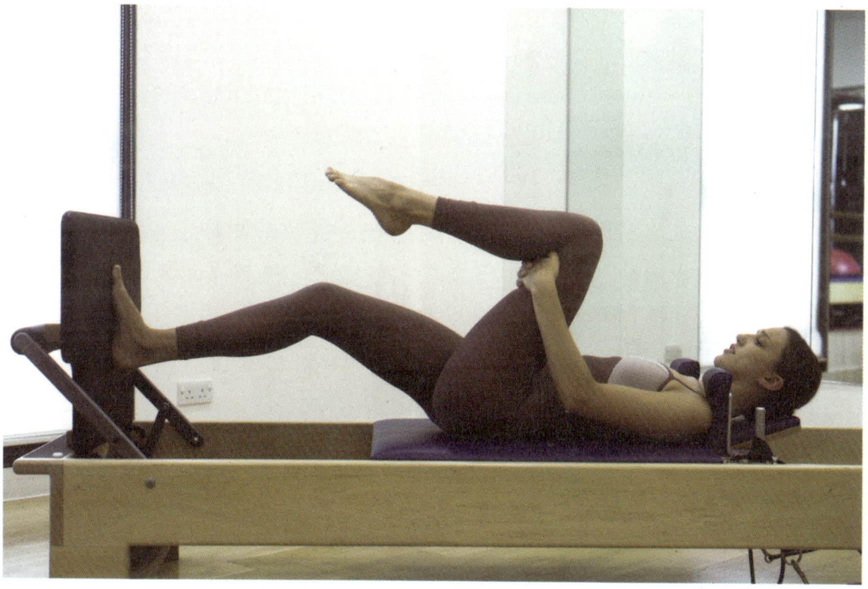

가벼운 퐁듀로 시작한다. 깊은 쁠리에를 하는 경우, 이 운동이 범위의 위쪽으로 갈 때 더 효율적이므로 너무 깊이 가지 않도록 한다.

엉덩이부터 무릎까지 그리고 발목까지의 정렬을 확인한다.

리포머에서 점프 보드 사용하기

Using the Jump Board on the Reformer

점프 보드를 이용하면 강도가 약한 안전한 환경에서 정렬을 확인하고 여러 발동작의 구성 부분을 나눠주고 동작을 천천히 할 수 있도록 해준다.

보드에서 단순히 다리를 올리고 내리는 운동이지만, 발과 다리 아래 부분의 준비 운동으로 좋은 방법이다.

1. 평형 정렬에서, 두 발을 편평하게 보드 위에 가까이 놓고 시작한다.
2. 발뒤꿈치를 들어 올리고 내재 근육을 활성화한 다음 발을 내린다. 약간 빠른 템포로 할 수 있다.
3. 매 스텝마다 발뒤꿈치를 들면서 작은 보폭으로 보드에서 내려와서 다시 보드로 돌아간다.
4. 지지하는 다리의 무릎을 곧게 편 상태에서 수행한다. 그 다음에 양발을 보드 쪽으로 낮춰서 무릎을 굽혀서 반복한다.
5. 착지 단계 '쁠리에'를 강조한다.
6. 스텝은 짧아야 하고 보드 위를 오르락 내리락 하는 것을 4-8회 반복한다. 발 관절로 연결하여 보드를 밟는다.

스프링은 빨강 2개, 파랑 1개, 초록 1개를 권장한다.

'오르내리기' 'Up-Downs'

'오르내리기'는 뛰어오르지 않고도 점프를 하는 것이다! 착지에 관한 모든 것이라 할 만하다. 이 운동은 리포머에서 하거나 양손으로 바를 잡고 체중을 실어 할 수도 있다. 안전하게 저항을 늘릴 만한 것이 있다면 체중을 내려주면서 유용하게 사용할 수 있다.

1. 리포머에서 평형으로 시작하고 처음 자세를 반복한다.
2. 드미 쁠리에에서 이완하고 그 상태를 유지한다. 이때 무릎을 너무 펴지는 않는다.
3. 뛰어오르기를 시작한다. 발가락이 보드에서 떨어지자 마자 착지를 시작한다. 쁠리에에 집중한다.
4. '내려올 때' 악센트를 준다. 오르고 내리고 오르고 내리고 하는 식으로 한다.
5. 20회씩 3세트 반복한다. 허벅지, 특히 양쪽 무릎 근처에서 근육의 움직임을 느껴야 한다.

스프링은 빨강 2개, 파랑 1개 또는 빨강 2개, 초록 1개를 권장한다. 스프링은 쁠리에로 돌아올 수 있게 해줄 만큼 충분히 무거워야 한다.

이를 위해 발을 빳빳하게 유지하면 내재 근육이 강화되므로 '오르내리기'를 하는 동안 돔을 유지해 볼 수도 있다. 그러나 이것은 연습을 위한 것이지 착지 방법은 아님을 기억하자.

리포머를 사용할 수 있다면, 체중을 리포머에 의지하고 바를 보고 할 수도 있다. 2개의 중간 또는 무거운 저항의 밴드를 머리 위 지점에 묶어서 할 수 있다. 예를 들어, 무게를 들어 올려주는 프레임이나 철봉으로 무게를 지지해 볼 수 있다.

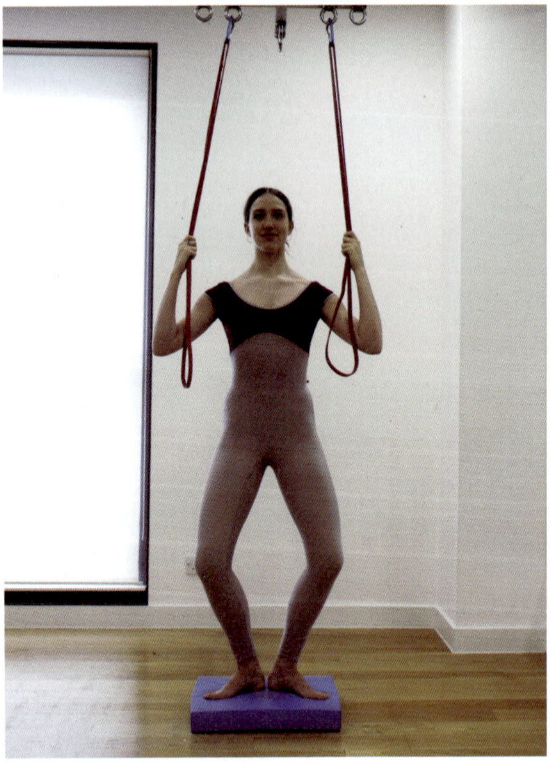

밴드를 강하게 당기면서 쁠리에를 한다.

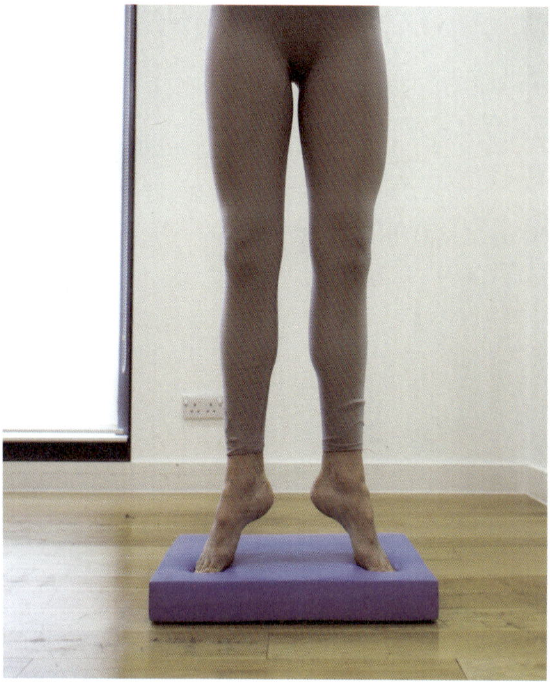

거의 점프를 하는 듯 하지만, 실제 점프는 아니다.

하지에 불필요한 충격을 주지 않으려면 균형 패드 또는 기타 약간 쿠션이 있는 매트를 사용한다.

매트에 서서 첫 자세로 쁠리에를 하면서 양손으로 밴드를 아래로 당긴다. 밴드의 긴장을 유지하면서 발꿈치만 들어 올리는 점프를 한다. 발가락 끝이 표면에 살짝 닿은 상태에서 최종 자세로 멈추는 것을 목표로 해야 하며 무릎은 여전히 약간 구부러져 있어야 한다.

착지하는 속도를 줄이는 조절을 잘 하고 있다는 생각이 들면, 밴드를 자기고 점프를 해 볼 수 있다. 밴드를 아래로 당기면서 일반적인 점프를 수행하면서 충격의 일부를 덜어준다.

이 운동은 무릎을 굽혀 감속하면서 착지하는데 중점을 둔다는 것을 기억한다. 젖은 모래 위에 부드럽게 착지하는 것을 상상하는 것이 도움이 된다.

충격 관리 MANAGING IMPACT

무용수들은 거의 다 점프를 좋아한다. 청중들도 무용의 이러한 인상적인 측면을 좋아한다. 충격이 누적되면 시간이 지남에 따라 부상을 입을 가능성이 있으므로 신중한 관리가 필요하다는 점은 주목할 가치가 있다. 바쁜 한 주 동안 수업, 리허설 및 공연에서 총 점프 수 또는 충격과 더 관련이 있는 착지 횟수는 수백 회에 이를 수 있다. 가능하다면 이 부하의 영향을 최소화하기 위해 일주일에 이틀 동안은 점프 횟수를 크게 줄이거나 가급적이면 점프없이 회복 시간을 갖도록 한다.

점프 관리는 여름 방학 후에 특히 중요하며 천천히 구축하는 것이 중요하다. 이는 며칠 이상 춤을 추지 못할 정도의 부상 이후에 더욱 중요하다.

무엇보다도 먼저, 즐겁게 하라!

제7장

선별하여 모으기: 모든 것을 함께 하기

PICK AND MIX: PUTTING IT ALL TOGETHER

이 책의 시작 부분에서 나는 무용수들을 위한 바른 운동을 할 수 있는 정보를 제공해 주기를 바란다고 했다. 이전 장에 서술된 대부분의 운동을 해 보았다면 자신의 기술에 도움이 되면서 자신의 능력을 최적화 해주는 동작들의 레퍼토리를 이미 만들었을 것이다.

문제 해결하기 SOLVING THE PUZZLE

조언을 해 줄 수 있는 컨디셔닝 전문가 없이 혼자 작업하는 경우 자신의 프로그램을 '손보기' 위해서 어떤 요소를 고려해야 할까? 분명히 여기에는 각 장이 신체의 특정 영역을 다룬다는 몇 가지 지침이 있다. 예를 들어, 자신의 어느 한 다리가 다른 다리보다 약하다는 것을 이미 알고 있다면 그 부분을 다시 펼쳐서 발과 다리 아래를 위한 운동을 살펴보고 그 운동들을 선택할 것이다.

내 목표는 필라테스 기반 컨디셔닝을 효과적으로 만드는 것이 작업을 수행하는 방식(세부 사항에 대한 주의)이라는 나의 생각을 공유하는 것이다. 이 집중된 작업 방식을 여기에 소개된 연습뿐만 아니라 배우는 다른 연습에도 적용 할 수 있어야 한다. 그런 다음 이 책에서 선택한 요소에 추가하여 자신만의 개별 프로그램을 만들 수 있다.

자신에게 적합한 운동을 찾는 동안 약간의 시행착오를 거칠 수도 있다. 이는 모든 무용수들이 공연 경력을 만들어 가는 여정이다. 완벽한 프로그램은 없다. 프로그램 내용이 동일하더라도 궁극적으로는 다양한 조합과 변형이 있을 수 있으며 이런 것들이 더 훌륭한 무용수를 만들어 내는 것이다. 자신에게 적합하지 않은 것이 무엇인지 배우는 것도 자신의 움직임의 문제를 해결하는 것을 찾는 것 만큼이나 유용하다.

이 마지막 장에서 내가 원하는 것은 여러분 자신이 자신의 작업의 소유권을 가지라고 도전하고 싶다. 어떤 움직임이 자신에게 어떤 느낌인지 아는 사람은 바로 자기 자신 뿐이다. 우리는 우리의 몸에 대해 알고 있고 시간이 지날수록 더 많이 알게 된다. 매일 자신에게 이렇게 질문하라. '오늘은 어땠는가?' 이 질문 후에는 자가 스캔을 하고 운동을 시작한다.

필요한 경우 이전의 규칙과 일반 지침을 다시 검토하고 어떤 운동을 하고 어떤 순서를 할지 결정할 때 모든 기본 원칙을 염두에 두도록 하자. 또한 자신의 단기적 우선순위와 장기적 목표를 고려해야 한다. 이러한 목표를 설정하고 다듬으면 자신의 프로그램을 단축시키는데 도움이 되고 더 중요하게는 결과를 신속하게 얻는데 도움이 될 것이다.

여전히 훈련 단계에 있는 경험이 적은 독자라면 자신이 세운 계획이 충분히 괜찮은 것인지 확신이 서지 않을 수도 있다. 자신이 충분히 만족할 만큼의 수준에 도달하기 위한 여정에 도움을 주기 위해 다음 장에서 몇 가지 통찰과 자신감을 주고자 한다.

다음의 운동 목록들은 처음 시작할 때 기본으로 삼을 수 있는 템플릿이다.

나는 이 목록들을 다양한 방법으로 나누었다. 처음 2개의 예제는 아주 일반적인 주제를 다루었다. 첫 번째는 수업 전 활동으로 대부분의 무용수들이 일상의 수업 전에 연결하기 원하는 모든 영역을 깨워줄 것이다. 이렇게 하면 수업에 들어가는 순간부터 바를 보며 첫 위치에 서는 순간부터 시작할 준비가 된 것이다. 두 번째 예제는 움직임 프로그램으로 긴장을 풀어주고 몸이 움직일 수 있도록 도와준다. 또는 하루를 끝내면서 몸을 마무리하는데 도움이 될 것이다.

그 이후 예제들은 이러한 방식으로 기술 문제를 해결할 수 있는 방안을 제시한다. 이들은 무용수들이 공통적으로 향상시키고 싶어하는 두 가지 요소에 집중한다. 첫째는 아다지오에서 확장의 높이를 향상시키는 방법을 살펴보고, 두 번째로는 균형을 개선하는 방법을 살펴본다.

알아두기

다시 한번 강조하는 것은, 부상이 있다면 반드시 전문가를 찾아 관절 진단에 대한 의학적 지원 및 재활 조언을 구해야 한다.

다른 관점 A DIFFERENT VIEW

여기에서는 이전 장에서 설명하지 않았던 몇 가지 운동을 추가할 것이다. 별도의 사진은 첨부하지 않았다. 그 대신 배운 것을 확인해 보기 위해 간략하게 요약된 내용과 동작에 대한 설명이 있을 것이다. 많은 무용수들은 보면서 따라하는 것에 굉장히 많이 의존한다. 하지만 글을 통해 배우는 방식은 운동이 어떻게 보이는지보다 어떻게 느끼는지에 더 많이 집중하는데 도움이 될 수 있다. 이런 방식으로 배우는 것을 연습한다면 운동 조절 기술을 쌓는데 도움이 된다.

운동 기술을 배울 때, 각자 정보를 흡수하는 자신만의 방법이 있으며 무용수는 일반적으로 이 점에서 시각적인 요소가 지배적이다. 관찰해서 따라할 다른 무용수가 없다는 것이 처음에는 이상할 수도 있지만 움직임을 느끼는 것에만 의존해야 하는 경우, 감각적이고 운동신경적 인식을 향상시킬 수 있다. 이런 방식을 이미 학습하고 여러 번 시도했던 사람이라면 자신이 인식하는 것보다 더 많은 정보를 흡수하고 있다는 것을 알게 될 것이다.

'알아두기' 상자는 접근 방식을 알려줄 일반적인 수정사항들, 이미지들과 함께 정보를 걸러내는데 도움을 줄 것이다. 설명을 읽고 시도해 본다면, 새로운 운동이라는 건축물을 이루는 모든 기본 재료들이 이미 자리잡고 있다는 것을 알게 될 것이다.

프레임워크 1: 수업 전 활동

FRAMEWORK 1: A PRE-CLASS ACTIVATION

수업이나 리허설을 시작하기 전에 완벽한 필라테스 기반의 준비운동을 할 시간이나 여력이 늘 있지는 않을 것이다. 하지만 10분이면 관련 근육들을 위한 매우 효율적인 준비 활동을 할 수 있다.

운동 순서

여기에서 소개하는 8개 운동이나 자세 중 3개는 이미 소개한 것들이며 2개의 운동은 설명을 추가해 두었다. 자신에게 가장 적합한 운동을 선택하여 실험해 보자.

1. 두 다리를 구부리고 발은 골반과 일직선이 되도록 눕고, 긴장을 풀고 오늘 주어진 일들에 집중하기 위해 몇 번 호흡을 한다.
2. 구부린 무릎 펴기(Bent-knee fall-outs): 무릎을 번갈아가며 구부렸다 편다(8회).
3. 몸을 한쪽으로 돌려서 옆으로 눕고 기본 클램(clams)을 8회 한다. 반대쪽도 반복한다.
4. 롤업(Roll-ups): 두 다리를 펴고 척추를 부드럽게 굽혀서 앉은 자세를 한다. 다리 쪽으로 스트레칭을 하고 척추를 편 자세를 유지하며 손가락 끝이 발가락에 닿게 한다. 롤백하고 척추를 하나씩 움직이는데 집중하고 4회 반복한다.

5. 다트(Dart): 배 위로 몸을 굽히고 두 손을 엉덩이로 가져간다. 상체 들어 올리기를 8회 반복한다.
6. 아라베스크 프렙(Arabesque prep): 팔을 앞으로 펴고 한 팔과 그 반대쪽 다리를 든다. 번갈아 가면서 8회 반복한다.
7. 이완하는 자세: 무릎을 꿇고 앉아서 척추를 펴고 손은 발쪽으로 향하여 이완시켜 준다.
8. 다리를 나란히 하고 서서 자세를 확인한다. 두 발 들어 올리기를 10회 반복한다.

추가된 동작에 대한 설명

롤업 Roll-ups:

1. 등을 대고 누워 두 다리를 펴고 팔을 몸 옆에 둔다.
2. 숨을 들이쉬고 복부를 둥글게 하면서 매트에서 등을 천천히 들어 올린다.
3. 숨을 내쉬고 척추뼈가 한번에 하나씩 움직이도록 계속한다. 팔은 매트에서 떨어져 다리쪽으로 뻗어 있어야 한다. 척추를 편 상태를 유지한다. 햄스트링에 스트레칭이 되는 것이 느껴질 것이다.
4. 골반에서 들어 올린 상태를 유지하고 다리 위로 긴장을 풀지 않는다. 팔을 발가락까지 뻗어본다. 다시 숨을 들이쉬면서, 코어가 동반되고 있는지 확인하고 아래로 롤백한다. 숨을 내쉬면서 척추를 펴준다.

아라베스크 프렙 Arabesque prep:

1. 엎드려 누워서 두 팔을 앞으로 뻗고 다리는 몸 뒤쪽으로 두고 약간 바깥으로 돌린다. 코어로 중심을 잡는다.
2. 준비하기 위해 숨을 들이쉬고 내쉬면서 한 다리를 몸 뒤로 하여 탄듀 자세로 든다. 반대쪽 팔은 아라베스크 선을 이루도록 한다. 눈으로 손을 따라가고 매트에서 상체를 들어 올린다. 다른 손은 매트에 있어야 한다.
3. 몸과 팔과 다리를 동시에 내리고 반대쪽에 대해서도 반복할 준비를 한다.

이완 자세 Relaxing pose:

어린이 자세(child's pose)라고도 불리는 이 자세는 등 펴짐근 운동을 한 후에 하면 유용하다. 무릎을 꿇고 앉아서 팔을 들어 척추를 펴고 손을 바닥에 댄다. 머리는 바닥을 향하도록 한다. 손을 다리쪽으로 보내어 이완한다. 일어나 앉기 위해서는 바닥에서부터 척추를 펴고 머리를 제일 나중에 든다.

프레임워크 2: 움직임 프로그램
FRAMEWORK 2: A MOBILIZING PROGRAMME

운동 순서

이 7개 운동은 4가지는 이미 소개한 것들이고 3가지는 스스로 해볼 수 있는 운동들이다.

1. 등을 돌려 앉아서 하는 스트레칭(Seated Side Stretch)을 각각 3-4회 반복한다.
2. 엎드려서 등을 편다. 팔을 이용해 척추가 펴지도록 부드럽게 누른다.
3. 버스비 버클리(Busby Berkeley)를 각각 3-4회 수행한다.
4. 옆으로 누워 상체를 구부리고 2-3회 반복한다.
5. 레슬러 스트레칭을 각각 3-4회 수행한다.
6. 턱 언더(tuch under)로 앞쪽을 풀어준다.
7. 누워서 둔부를 풀어준다.

어떤 운동이 자신에게 가장 적합한지 찾는다.

추가된 동작에 대한 설명

수동적 등 펴기 Passive back extension:

엎드려 눕고 손은 어깨 부근에 둔다. 팔꿈치는 갈비뼈에 가까이 둔다. 팔을 이용해 매트를 누른다. 상체를 천천히 들어 올리고 움직일 수 있는 범위까지 들어 올린다. 코어가 가볍게 지지하는 상태를 유지한다. 등 근육이 너무 많이 사용되는 것을 피하면서 팔로 몸을 지탱한다.

턱 언더 The 'tuck-under':

무릎을 바닥에 대고 일어서고 엉덩이와 무릎이 90°를 이루게 한다. 엉덩이가 무릎 위 일직선 상에 있는지 확인한다. 둔근을 이용하여 부드럽게 골반을 기울인다. 엉덩이 앞쪽으로 둔하지만 깊은 스트레칭을 느낄 수 있을 것이다. 최소 30초 동안 자세를 유지하고 다른 쪽으로 바꿔준다.

둔부 풀어주기 Gluteal release:

등을 대고 누워 한 발을 몸쪽으로 들어 무릎을 굽힌다. 두 손으로는 허벅지를 잡는다. 다른 쪽 발목을 지지하는 다리의 허벅지 무릎 위로 교차하고 다리를 벌린다. 이렇게 하면 교차한 다리의 둔부 근육 주변으로 스트레칭이 되는 것을 느낄 수 있을 것이다. 최소 30초간 이 자세를 유지한다.

프레임워크 3: 고도의 확장을 지원하는 운동 FRAMEWORK 3: TO ASSIST WITH HIGHER EXTENSIONS

이 운동들은 다리를 더 높이 들어 올리는 것과 그리 연관성이 없어 보이는 지체와 움직임을 포함한다. 이는 어떤 동작을 개선하기 전에 어느 부분을 최적화 해야할지 분석해야 한다는 것을 깨닫는데 도움을 준다. 프로그램을 계획할 때, 어떤 근육으로 동작을 시작하고 조절하고, 어떤 영역이 그 동작을 방해하는지 스스로 물어야 한다. 성급하게 결론을 내리지 말고 동작의 기본 요소를 고려해 작업한다. 관련된 단계 또는 해야 할 일들을 생각하면서 시작하고 세부적인 일들을 조합해 만들어 가자.

운동 순서

3개 운동은 이전에 다룬 내용들이고 나머지 3개 동작은 설명을 보면서 하면된다.

1. 복부 베개(Pillow abdominals): 허벅지 사이에 베개를 두고 등을 대고 누워 복부 베개를 10-20회 반복한다.
2. 저항 밴드를 사용해 깊은 엉덩이 굴근(Deep hip flexors) 운동을 각 8회 수행한다.
3. 자이언트 클램을 6회 한다.
4. 옆으로 하는 플랭크를 수행한다. 각 측면에 대해 30초에서 1분간 플랭크 자세를 유지하기를 반복한다.
5. 서서하는 골반운동(Standing pelvic)을 하고 요추를 풀어준다.
6. 헬리콥터 운동을 수행한다.

추가된 동작에 대한 설명

옆으로 하는 플랭크 Side plank:

이 운동은 많은 이들에게 익숙한 운동일 것이다. 또한 전에 몇 가지 버전과 함께 이미 설명했던 플랭크이다. 플랭크를 옆으로 하려면 몸을 팔꿈치나 편 팔로 지지해야 한다. 어느 쪽이 편한지 스스로 선택한다. 나는 보통 팔을 펴서 지지하는 자세를 권장한다.

몸이 곧게 정렬되었는지 확인하고 머리에서 발까지 긴 자세를 유지하면서 측면 플랭크를 수행한다. 좀 더 안정적인 자세를 위해서 양다리를 앞에 두고 발을 약간 벌릴 수 있다.

호흡을 고르게 하고 30초 동안 버티면서 코어를 너무 긴장시키지 않도록 한다. 할 수 있다면 1분 동안 수행한다. 몸의 방향을 바꿔 반복한다.

서서하는 골반운동과 요추 풀어주기 Standing pelvic and lumbar release:

이 운동을 하기 위해서는 엉덩이 높이보다 높은 안정적인 지지대가 필요하다. 보통 래더 배럴을

앞으로의 하루를 위해 준비하고 있다.

사용하지만 높은 의자나 창틀 또는 발레 바로 대체 가능하다.

한쪽 발을 지지대에 편평하게 놓고 무릎을 구부린 상태에서 선택한 지지대에 최대한 가깝게 옆으로 선다. 이렇게 하면 거의 높은 파세같은 자세가 된다.

지지하는 다리에서 드미 뿌엥뜨로 올린다. 몸통의 직각을 유지하기 위해 팔의 도움이 필요할 수 있다. 골반의 수평을 생각하면서 최대한 공간을 만들어낸다. 발꿈치를 내리면서 상체를 가급적 곧고 길게 유지한다. 머리는 천장에 닿는다고 생각한다.

지지하는 쪽의 허리가 스트레칭 되고 이완되는 느낌이 들 것이다. 이를 각 다리에 대해 3–4회 반복한다.

헬리콥터 운동 Helicopter:

이 운동을 위해서는 골반 아래에 수평으로 놓을 아크 형태의 물건이나 폼롤러가 필요하다. 이 운동을 하는 동안 요추 중립을 이뤄야 하며 요추에 부담이 느껴지지 않아야 한다.

두 다리를 외회전으로 엉덩이와 90°가 되도록 한다. 다리를 나눠서 한 다리는 길게 뻗어주고 다른 쪽 다리는 몸통 위로 올려서 발이 머리 위에 있게 한다.

다리를 바꿔주고 3회 반복한다. 이 운동은 동적으로 바뜨망 동작으로 수행해야 한다. 그리고 2번 자세를 통해 다리를 론 드 잠 자세로 하고 다시 90° 상태로 돌아간다. 그러므로 순서는, 오른쪽, 왼쪽, 오른쪽 론드 잠, 그리고 왼쪽부터 시작하여 오른쪽 왼쪽 론드가 된다. 이를 8회 반복한다.

프레임워크 4: 균형 향상
FRAMEWORK 4: IMPROVING BALANCE

균형은 여러 요소로 이루어져 있으며 성공적인 움직임 전략에 열쇠가 되는 여러 근육 그룹들과 시스템의 전체적인 조화이다.

운동 순서

여기에는 명백하게 균형과 관련되어 있다고 볼 수 있는 운동뿐 아니라 코어 조절, 엉덩이 안정성, 발목의 고유감각이 포함된다. 이 중 3가지는 이전 장들에서 설명한 것들이고 나머지 3가지는 스스로 해볼 수 있는 운동들이다.

1. 이중 다리 확장(Double–leg extension)을 수행한다. 골반을 지지하기 위해 폼롤러를 사용하거나 엉치뼈 아래에 소프트 볼을 둔다. 4–6회 반복한다.
2. 밴드로 엉덩이 조절 지원하기(Supporting hip control with band)를 6–8회 반복한다.
3. 폼롤러로 균형을 잡는다.
4. 안으로 밖으로(Ins and outs) 운동을 4–8회 반복한다.
5. 도달 테스트를 한다. 발은 병렬로도 해보고 외회전으로도 해본다.
6. 눈을 감고 균형을 잡아본다.

추가된 동작에 대한 설명

폼롤러로 균형 잡기 Foam roller balance:

이 운동을 위해서는 단단한 폼롤러가 필요하며 처음에는 몸을 안정시켜야 할 경우를 대비하여 바 또는 다른 지지대 근처에서 시도해야 한다. 플랫 발레 신발을 신거나 맨발로 한다.

폼롤러를 바닥에 두고 두 발로 롤러 위에 올라가 선다. 두 발은 나란히 하거나 약간 돌려준다. 작은 쁠리에를 해볼 수도 있다. 이때 불안정하게 느껴지고 롤러가 계속 움직인다. 자신감이 생기면 한 다리로 해본다.

도달 테스트 The reach test:

3가지 작은 물건들(예를 들어, 신발 또는 공)을 마루 위에 올리고 자기 앞에 작은 원형태를 만든다. 하나는 오른쪽에 하나는 앞쪽에 하나는 왼쪽에 둔다.

물건들로부터 약간 떨어져 선다. 너무 쉽게 하지는 않는다. 일단 운동을 할 때 자신이 어떻게 보일지는 신경쓰지 말고 그냥 한다!

작은 덤벨이 있다면 그것을 잡고, 없다면 포인트 신발을 사용한다. 오른발로 서서 오른손으로 덤벨을 잡거나 신발을 잡는다. 그리고 오른손을 뻗어서 바닥에 오른쪽에 있는 물건을 잡아본다. 똑바로 선 자세로 돌아와서 중앙에 있는 물건에 닿아본다. 그리고 왼쪽에 있는 물건에 도달해 본다.

이 과정을 반복하되 이번에는 왼쪽에서 오른쪽 순으로 한다. 다리와 손을 바꾸고 오른쪽에서 왼쪽으로 다시 돌아온다.

어떻게 할지를 신경쓰지 말고 물건에 도달하는데 집중한다. 몸을 기울이거나 무릎을 굽히거나 또는 균형을 잡기 위해 팔을 움직여도 괜찮다.

발을 병렬로 해서 해보고 외회전 상태로도 해본다.

눈감고 균형잡기 Eyes-closed balance:

단순하지만 자신의 고유 감각 반응을 테스트 하는데 효과적인 방법이다. 병렬로 해보고 턴아웃 한다. 한 다리로 서서 눈을 감는다. 최소 30초동안 균형을 잡을 수 있어야 한다. 쉽다고 여겨지면, 균형을 잡는 동안 퐁듀를 수행한다.

참고할 이미지 없이 운동하면 스스로 운동 '워크숍'에 익숙해지는데 도움이 된다. 필요하다고 생각하는 모든 정보가 없을 수도 있지만 새로운 동작에 대해 스스로 이해해야 하는 상황은 운동능력 향상에 실질적 도움이 될 것이다. 예를 들어, 소리를 끈 상태에서 운동 DVD를 시청하거나 눈을 감고 듣고 작업하는 것 같이 다양한 방식으로 학습을 시도할 만한 가치가 있다.

완벽을 향한 끊임없는 추구.

이 여정을 받아들이자
EMBRACE THE JOURNEY

이제 우리는 이 책의 끝, 그리고 우리가 몸을 통해 걸어온 이 여정의 끝에 도달했다. 나의 목표는 독자의 경력 전반에 좋은 비상용품이 될 만한 유용한 운동을 소개하는 것이었다. 뿐만 아니라 이 책이 이러한 유형의 컨디셔닝 작업에 대한 관심을 불러일으키고 더 많은 것을 배우고자 하는 열망으로 발전되기를 바란다. 실제로 새로운 움직임 전략을 시도하고 다양한 보충 훈련 방법을 모색하는 것을 멈추지 않기를 바란다.

작업을 시도하면서 기술을 분석할 도구와 변경하려는 의지가 있다면 기술의 모든 측면을 실제로 개선할 수 있음을 알아야 한다. 너무 작거나 너무 큰 일은 없다. 헌신의 노력이 있다면 반드시 진전을 이룰 것이다.

무용수로서의 경력은 육체적으로나 정서적으로 까다롭고 모든 무용수들은 그들을 지원할 수 있는 자원이 있어야 한다. 이것은 연장된 공연 생활의 어려움에 대처하는 과로한 합창단원이나 나이가 많은 전문가와 마찬가지로 공부 중인 학생에게도 동일하게 적용된다. 자신의 신체가 작업량, 레퍼토리, 부상 및 기술적 문제에 어떻게 반응하는지에 대한 지식은 오직 자신만이 수집하고 이해할 수 있다. 우리는 우리 자신의 기록 보관소가 된다.

우리의 이야기는 발전한다. 선택이나 필요 또는 기회를 통해 방향이 바뀔 수 있으며 여정은 동일하게 진행되거나 매우 다른 출발점에서 다시 시작될 수 있다. 그러한 여정을 받아들일 준비를 해야 한다. 자! 즐겁게 이 여정을 시작하자!

기구
EQUIPMENT

필라테스 기구 PILATES EQUIPMENT

리포머 Reformer:

필라테스 장비중 가장 일반적인 것으로 사용자가 움직임을 수행하는 데 도움을 주고 저항을 주는 다양한 저항 스트링을 사용한다. 전신 운동을 한 번에 할 수 있는 매우 다재다능한 기구이다. 리포머에서 눕거나 앉아서 또는 서서 운동할 수 있다.

캐딜락 Cadillac:

네 모서리에 기둥이 있고 덮개가 달린 침대처럼 생긴 캐딜락은 다양한 운동을 위해 다양한 길이와 저항의 스프링을 부착할 수 있는 금속 프레임이 있는 벤치이다. 리포머와 마찬가지로 사용자에게 신체의 모든 부분을 작업할 수 있는 옵션을 제공한다.

래더 배럴 Ladder barrel:

사다리에 부착된 아치형 통으로 주로 코어 및 척추 운동에 사용되는 기구이다. 스트레칭과 가동화 작업을 지원하는 것으로 잘 알려져 있다.

암체어 Armchair:

한때는 필라테스 스튜디오에서 흔하게 볼 수 있었지만 지금은 많이 사용되지 않는다. 이름에서 알 수 있듯이, 팔과 상체 운동을 위해 고안된 기구이다.
이 책에서는 한 번 언급되었지만 코어 운동에서는 매우 유용한 기구이다.

척추 교정기와 필라테스 아크
Spine corrector and PilatesArc:

이 두 장비는 필라테스 기구로 서로 밀접한 관련을 맺고 있다. 척추 교정기는 코어 및 등 운동에 사용되는 달팽이 모양의 배럴의 원래 버전이다. 더 가볍고 휴대가 간편한 버전은 필라테스 아크로 필라테스 스튜디오에 새롭게 추가 되었다.

기타 기구 및 소도구
Other Equipment and Props

로프 ROPES:

덜 안정적인 환경에서 작업할 기회를 제공하는 슬링 지원 시스템이다.

패러세터 Parasetter:

두 가지 길이의 폼으로 구성된 간단한 소품으로 미묘한 조절 작업에 대한 인지를 높여준다.

균형 패드 Balance pad:

안정성과 균형 운동에 사용되는 고밀도 폼 패드

저마찰 디스크 Low-friction discs:

디스크를 회전시킬 수 있는 볼 베어링이 있는 원형 디스크. '턴아웃 디스크'라고도 하는 이 디스크는 무용수가 외부 회전을 조절하는 데 사용한다. 이제 저항을 제공하기 위해 스프링과 함께 사용할 수 있다.

짐볼 또는 스위스 볼 Gym balls or Swiss balls:
피트니스 산업 전반에 흔하게 볼 수 있는 다양한 크기의 고무 공. 주로 코어 조절 및 안정성 테스트에 사용한다.

소프트 볼 Soft balls:
짐볼보다 훨씬 작은 고무 공. 종종 공기가 거의 없는 상태에서 정렬에 대한 피드백을 제공하거나 불안정한 표면으로 사용한다.

폼 롤러 Foam roller:
긴장된 근육을 풀어주거나 코어 운동을 지원하기 위해 사용한다.

무게 공 Weighted balls:
팔, 어깨 운동이나 가동성 운동의 효능을 증대하기 위해 무게를 추가하는데 유용한 도구

세라밴드와 무거운 저항 밴드 또는 번지 밴드 Therabands and heavy resistance or bungee bands:
매우 가벼운 저항부터 무거운 저항까지 지원하는 다양한 원색으로 된 밴드. 다양한 용도로 사용됨.

코어가 강하면 자세를 지지해 주고 힘이 덜 들어가는 것처럼 보이게 한다.

주요 용어 및 해부학적 참고사항

KEY TERMS AND ANATOMICAL NOTES

기술적인 언어나 해부학적 용어는 가급적 피하려고 했지만, 때때로는 그런 용어들 없이 동작을 설명하기가 매우 어려울 때가 있다. 다음은 몇 가지 추가 해부학 정보와 함께 설명을 덧붙였다. 이것은 특히 컨디셔닝 프로그램에서 인식해야 하는 근육과 근육 그룹에 대해 스스로 연구를 수행하는데 있어 올바른 방향을 알려줄 것이다.

복근(Abdominal muscles): 척추와 골반에 작용하여 좋은 자세를 유지하는 데 중요한 근육 그룹. 복근에는 배근(rectus abdominis), 내외복사근(internal and external obliques), 복횡근(transversus abdominis, TA)이 있다. 복횡근은 호흡과 골반저 기능에 매우 중요하다. 배근은 몸통을 앞으로 구부리는 역할을 하므로 복부를 마는 동작을 한다. 복사근은 또한 척추 굴곡뿐만 아니라 측면 굴곡 및 회전에서도 작용한다.

벌림(외전, Abduct): 축 또는 중앙선으로부터 멀어지는 움직임.

모음(내전, Adduct): 중앙선을 향한 또는 중앙선을 가로지르는 움직임. 또는 두 팔다리를 함께 모으는 동작.

내전근(Adductor muscles): 안쪽근육(medial muscles)이라고도 부르지만, 허벅지 안쪽근(inner thigh muscle)이라는 용어를 더 많이 사용한다. 내전근은 다리를 모아준다. 즉, 다리를 몸통의 정중선을 가로질러 모아준다(예: 5번 자세 마무리). 이 근육을 대상으로 하는 가장 일반적인 운동은 옆으로 누워 다리 아래를 들어 올리는 것이다. 짧은내항근(adductor brevis), 긴모음근(adductor longus), 큰모음근(adductor magnus), 두덩근(pectineus), 두덩정강근(gracilis) 이렇게 다섯 근육 또한 다양한 각도로 엉덩이를 굽히는데 도움을 준다.

앞, 전방(Anterior): 단순히 앞을 의미하는 용어이다. 이 용어는 종종 신체 전면의 근육 그룹을 식별하거나 고관절의 전면을 의미하는 '전방 고관절'과 같은 특정 영역을 설명하는 데 사용된다.

목(Cervical): 7개의 척추뼈로 구성된 척추의 목부분.

단축성수축(Concentric): 저항을 생성하고 극복할 때 근육의 축소 작용. 예를 들어, 가중 구부림을 수행하는 동안 햄스트링의 작용.

발등굽힘(Dorsiflexion): 발목 움직임과 관련하여 발가락과 발의 윗부분을 정강이쪽으로 가져오는 것을 의미한다.

편심-치우친(Eccentric): 부하를 받고 늘어나는 근육의 작용. 예를 들어, 발뒤꿈치를 바닥쪽으로 낮추는 속도에 저항하는 것이 목적인 종아리 운동을 통해 근력을 키우는 유용한 방법이다.

척추세움근(Erector spinae): 허리천자(spinal column)의 양쪽과 세 부분((척수(spinalis), 가장 긴근(longissimus), 엉덩갈비근(iliocostalis))으로 구성된 강력한 척추 신근. 코어 근육을 사용하여 이 그룹은 또한 측면 굴곡 및 회전을 생성한다. 아라베스크를 개선하려면 이 근육군을 강화해야 한다.

넙다리뼈(Femur): 허벅지 뼈.

장딴지근(Gastrocnemius): 종아리 근육으로 발을 가리키고, 드미 뿌엥뜨나 풀 뿌엥뜨로 몸을 들어 올릴 때 중요하다.

둔부(Gluteal): 엉덩이 부분으로 넙다리뼈 부근에서 작용하는 깊은 회전근이다. 외회전을 조절하거나 엉덩이 안정성을 이루는 상황에서 매우 중요하다. 대부분의 사람들이 큰볼기근(gluteus maximus), 중간볼기근(gluteus medius), 작은볼기근(gluteus minimus)을 들어봤을 것이다. 큰볼기근은 가장 강력한 고관절 신근이며 또한 넙다리뼈를 외회전시킨다. 나머지 두 근육은 엉덩이 안쪽근(hip abductors)과 내부 회전근(internal rotators)이다. 깊은 바깥회전근육은 6개의 작은 둔부 근육으로 되어 있다. 외회전뿐 아니라 엉덩이 부분도 안정화시킨다. 이 근육들은 각각 궁둥구멍근(piriformis), 넙다리네모근(quadratus femoris), 속폐쇄근(obturator internus), 바깥폐쇄근(obturator externus), 위쌍둥이근(gemellus superior), 하쌍둥이근(gemellus inferior)이다. 턴아웃 유지가 주요 운동 목적인 경우 이 작고 깊은 근육들이 목표로 삼는 것이다.

엄지발가락(Hallux): 가장 큰 발가락.

햄스트링(Hamstrings): 무릎을 구부리는 역할을 하고, 엉덩이와 무릎 모두에 약간의 회전 작용을 하는 다리 뒤쪽 근육.

엉덩허리근(Iliopsoas): 강력한 고관절 굴근과 전방 고관절의 일부인 엉덩허리근은 큰허리근(psoas major)과 엉덩근(iliacus)으로 구성되어 있다. 이 근육들은 척추, 골반, 넙다리뼈에 부착되어 있기 때문에 자세에서 중요한 역할을 한다. 아다지오에서 다리를 높게 올리는데 어려움을 겪고 있다면 예를 들어, 데벨로뻬 드방의 경우 이 근육을 강화할 필요가 있다.

내재근(Intrinsic muscles): 발가락에 작용하는 발의 근육층을 지칭하는 용어. 일부는 또한 아치의 동적 지원과 추진력을 지원하는 데 중요하다.

운동감각성(Kinesthetic): 감각기관을 통한 개인의 움직임 감각 또는 몸의 부분을 지칭함.

가쪽-외측(Lateral): 바깥쪽을 지칭하는 말. 예를 들어, '가쪽 넙다리는 사두근(넙다리 근육)의 바깥쪽 근육과 인대를 의미한다.

요추(Lumbar): 허리, 골반 위로 5개의 척추뼈로 구성되어 있으며 '요추 만곡'과 같은 용어에서 사용됨.

안쪽의, 내측의(Medial): 중앙선이나 몸의 안쪽을 의미하는 용어. 예를 들어, 허벅지 안쪽 근육(내전근)은 허벅지 내에 위치한다.

중족골(Metatarsals): 발가락을 형성하는 발 앞쪽의 뼈들. 무용에서는 발의 미적 구조에 기여한다.

운동 조절(Motor control): 신체 신경계를 통해 근육 기능과 자발적인 움직임을 시작하고 조절하는 개인의 능력.

골반저(Pelvic floor): 골반의 구조(예: 방광)를 지지하고 들어 올리거나 점프하는 것과 같은 동작에서 복강 내 압력의 변화에 저항을 제공하는 근육 그룹의 총칭.

비골근(Peroneal muscles): 발의 포인팅과 외전에 작용하는 바깥쪽 하퇴 근육. 그들은 발과 다리의 동적 안정 장치이다.

발바닥쪽굽힘(Plantar flexion): 발목의 움직임을 지칭하는 말로, 발가락과 발바닥을 정강이에서 멀어지게 움직이거나 발을 포인팅하는 동작을 의미한다.

뒤쪽의(Posterior): '뒤의' 또는 '후면의'라는 의미로 종종 머리에서 발뒤꿈치까지 몸 뒤쪽의 근육 그룹을 의미하는 '후면사슬 근육'과 같은 용어로 쓰인다.

엎드린(Prone): 엎드려 눕는 자세이다.

고유감각(Proprioception): 공간에서 자신의 신체 위치를 감지하는 개인의 능력. 균형을 논의할 때 자주 사용된다.

넙다리네갈래근(Quadriceps): 넙다리 앞 4개 근육의 그룹((넙다리곧은근, rectus femoris), 안쪽넓은근, vastus medialis), 중간넓은근, vastus intermedius), 가쪽넓은근, vastus lateralis)). 모두 무릎 신전의 주요 동력이므로 해당 관절을 지원하는 데 중요하다. 무릎 주위에 문제가 있는 경우, 안쪽 넓은근 사선운동이 특히 유용하다.

마름근, 능형근(Rhomboids): 척추에서 견갑골의 내측 경계까지 짝을 이루는 근육. 견갑골의 위치를 유지하는 데 중요하며 특히 좋은 폴드브라에서 필요한 하향 회전 요소이다.

넙다리빗근(Sartorius): 우리 몸에서 가장 긴 근육, 무릎 굴곡과 함께 굴곡, 외전 및 외회전에서 고관절에 작용한다(예: 파세).

견갑골(Scapula): 어깨뼈.

가자미근(Soleus): 더 깊고 납작한 종아리 근육으로, 발목의 발바닥쪽굽힘(발로 포인팅 자세를 할 때)과 다리와 발의 안정화에 중요하다. 이 근육을 편심적으로(중심을 달리하여) 훈련하는 것은 착지에서 더 나은 조절을 얻는 데 유용하다.

신체의(Somatic): 이 용어는 일부 대체 의학 접근법이나 경험적 운동 요법을 지칭할 수 있다. 신경계와 관련하여 사용되는 경우 수의적 움직임을 조절하는 조절 시스템을 나타낸다.

반듯이 누운(Supine): 등을 바닥에 대고 누운 자세

흉부의(Thoracic): 척추의 중간 부분을 지칭하는 용어 가슴, 갈비뼈 부근을 포함하여 12개의 척추뼈로 이루어져 있다.

정강뼈(Tibia): 정강이.

앞정강근(Tibialis anterior): 발목의 발등굽힘과 발의 내반에 관여하는 근육.

뒤정강근(Tibialis posterior): 발목의 발바닥쪽굽힘과 발의 내반에 관여하는 근육. 이 근육 역시 아치를 지원하는데 유용하다.

추가로 읽을 만한 책과 자료들

FURTHER READING AND RESOURCES

도서 READING

도서 목록에서는 나에게 의미있는 책들을 소개하고 싶다. 이 책들은 무용과 컨디셔닝을 다루는 포괄적 목록이라고는 할 수 없다. 그러한 목록은 페이지가 꽤 많다. 다음 책들은 상황을 다르게 보도록 해주거나 내가 경력을 이어갈 수 있도록 격려해 주었거나 실용적이고 좋은 운동에 대한 조언을 제공한 책들이다.

우선 내가 무용을 배우는 학생일 때 처음으로 무용의 물리적, 해부학적 관심을 기울이도록 많은 도움을 준 두 권의 책을 소개하고자 한다.

춤! 무용수를 위한 치료법 Dance! Therapy for Dancers, Beryl Dunn(1974) Heinemann
발레 기술 Ballet Technique, Tamara Karsavina(1956) Black

아래 책은 마음과 몸의 연결이 움직임에 영향을 미치는 방식에 대해 설명한다.

생각하는 몸 The Thinking Body, Mabel Todd(1997) Dance Books Ltd(first published 1937)

해부학에 대한 지식과 부상의 예방 및 재활은 30년 넘는 내 작업의 핵심이었다. 다음 세 권의 책은 명확하고 실용적이며 내 작업에 영향을 준 세 가지 영역인 해부학, 무용, 필라테스를 아우른다.

무용 운동학 Dance Kinesiology(second edition), Sally Sevey Fitt(1996) Schirmer Books
운동 시 부상에 관한 의학적 지침 Clinical Guide to Sports Injuries, Roald Bahr and Sverre Maehlum(2004) Human Kinetics
Dance Anatomy and Kinesiology, Karen Clippinger(2007) Human Kinetics

마지막으로 소개할 책은 나의 제 2의 조국인 포르투갈 언어로 되어 있다. 포루투갈어를 하는 사람들을 위한 두 권의 책이다. 첫 번째 책은 이론적이며 학술적인 내용으로 되어 있고 두 번째 책은 일반적인 필라테스 운동에 관한 책이다.

Treino em Danca. Questoes pouco frequentes, Luis Xarez(2012) Faculdade de Motricidade Humana Pilates,
Maria Larsen(2010) Ariana Editora

참고자료 RESOURCES

무용 교육, 무용 의학, 연구, 건강, 복지 및 무용 커뮤니티 전반에 걸친 광범위한 문제에 대한 추가 정보를 얻으려면 다음을 참고하라.

OneDance UK onedanceuk.org
IADMS(the International Association of Dance Medicine and Science), iadms.org 또는 '훈련' dorsiflex

찾아보기

INDEX

ㅍ

ㅎ

기타